3일 벼락치기 직무적성검사 시리즈는?

스펙 쌓기 경쟁은 과열되고 취업의 벽은 점점 높아지는데…

직무적성검사까지 대비하 … 부족하시죠?

그래시

직무즈

KB075245

태블릿 PC나 좀 큰 스마트폰과 유사한 그립감을 주는

작은 크기와 **얇은 두께**로 휴대성을 살렸지만

꽉 찬 구성으로, **효율성은 UP↑ 공부 시간은 DOWN↓**

3일의 투자로 최고의 결과를 노리는

3일 벼락치기 직무적성검사 9권 시리즈

간편하게
꺼내 푸는
내 손안의
직무적성검사

3일 벼락치기

직무적성검사

LG 인적성검사

삼성 GSAT(통합형)

롯데그룹 L-TAB

두산 DCAT 이공계

CJ그룹 CAT

두산 DCAT 인문·상경계

KT그룹 종합인적성검사

이랜드 ESAT

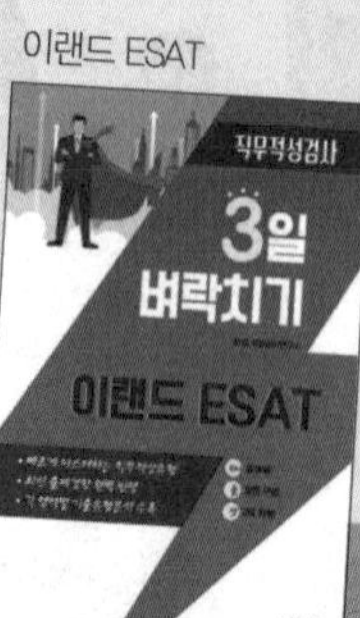

직무적성검사

3일 벼락치기

타임 적성검사연구소

LG 인적성검사

3일 벼락치기

LG 인적성검사

인쇄일 2020년 8월 1일 2판 1쇄 인쇄
발행일 2020년 8월 5일 2판 1쇄 발행
등 록 제17-269호
판 권 시스컴2020

발행처 시스컴 출판사
발행인 송인식
지은이 타임 적성검사연구소

ISBN 979-11-6215-519-6 13320
정 가 10,000원

주소 서울시 양천구 목동동로 233-1, 1007호(목동, 드림타워) | 홈페이지 www.siscom.co.kr
E-mail master@siscom.co.kr | 전화 02)866-9311 | Fax 02)866-9312

취업과정에 적성검사가 도입된 지도 제법 많은 시간이 흘렀습니다. 그 동안 적성검사에도 많은 부침이 있어서, 일부 기업은 폐지하기도 하고 일부 기업은 유형을 변경하기도 하였습니다. 쟁쟁한 대기업들이 적성검사 유형을 대폭 변경하면서 다른 기업들에도 그 여파가 미칠 것으로 여겨지고 있습니다.

적성검사는 창의력 · 상황대처능력 · 문제해결능력 등 업무수행에 필요한 능력을 측정하기 위해 실시되며, 기업별 인재상에 따라 여러 유형으로 치러집니다. 여기에 일부 기업들이 주기적으로 문제유형을 변경함으로써 수험생들의 혼란을 가중시키고 있습니다.

본서에서는 각 기업에서 공식적으로 발표한 문제유형을 기반으로 삼았으며, 실제로 적성검사를 치른 응시생들의 후기를 충실히 반영하여 올해 치러질 실제 적성검사에 가장 근접한 문제를 제공하고자 하였습니다.

본서가 취업준비생들의 성공적인 취업에 조금이나마 보탬이 되었으면 하는 바입니다.

타임 적성검사연구소

DAY	PART	CHECK BOX		TIME
		complete	incomplete	
1DAY	언어력			시간 분
2DAY	수리력			시간 분
3DAY	도형추리			시간 분
	도식적추리			시간 분

1DAY

언어력

언어이해에서는 일치/불일치, 추론 유형이 주로 출제되며 독해 지문의 길이가 다소 길어 시간이 부족할 수 있다. 특히 경영, 경제, IT지문을 바탕으로 주제나 문단 순서와 같은 다양한 유형이 출제된다. 또한 언어추리에서는 명제 문제의 비중이 높고 논리적 오류의 종류를 반드시 알고 있어야 하는 유형의 문제가 출제된다.

2DAY

수리력

수열 추리 유형은 일정한 규칙에 따라 배열된 숫자 열이나 숫자의 집합으로부터 규칙 및 관계의 특성을 추론하는 능력을 파악하기 위해 8문항이 출제된다. 자료해석 유형은 주어진 표와 그래프 등을 통해 자료에서 정보를 체계적, 논리적으로 파악하는 능력을 파악하기 위해 출제된다. 응용계산 유형은 수학 기본 원리나 방정식, 확률, 함수 등에 대한 이해를 바탕으로 문제에 접근하는 능력을 파악하기 위해 출제된다.

3DAY

도형추리

도형이 변화하는 과정을 보여 주고 마지막 도형의 모양을 유추해야 하는 많은 규칙이 복합적으로 적용되는 유형이다. 시험에 앞서 예제를 제시하고 분석할 수 있는 시간이 주어지므로 이때 완벽하게 분석해야 한다.

도식적추리

알고리즘에 따라 주어진 문자나 도형 등을 변화해야 하는 유형이다. YES/NO 분기점이 있어 루프를 돌게 되며, 이때 규칙을 빨리 파악해야 한다. 형태는 다르지만 푸는 원리는 고정적이다. 도형추리와 마찬가지로 시험에 앞서 예제를 제시하고 분석할 수 있는 시간이 주어진다.

구성과 특징

기출유형분석

주요 기출문제의 유형을 분석하여 이에 가장 가까운 문제를 상세한 해설과 함께 수록하였다.

1. 언어이해

기출유형분석 | 문제풀이 시간 : 1분 30초

▶ 다음 글의 내용과 일치하지 않는 것은?

세자는 다음 왕위를 계승할 후계자로서 세자의 위상을 높이는 각종 통과의례를 거쳐야 했다. 책봉례는 세자가 왕의 후계자가 되는 가장 중요한 공식 의식으로, 세자는 왕으로부터 세자 임명서를 수여받았다. 책봉례가 끝나면 의궤를 작성하였다. 세자는 적장자 세습 원칙에 따라 왕비 소생의 장자가 책봉되는 것이 원칙이었다. 그러나 실제로 조선시대를 통틀어 총 스물 일곱 명의 왕 중 적장자로서 왕위에 오른 왕은 문종, 단종, 연산군, 인종, 현종, 숙종, 순종 이렇게 일곱 명에 불과했다. 적장자로 태어나 세자로 책봉은 되었지만 왕위에 오르지 못한 세자도 여러 명이었다. 덕종, 순회세자, 소현세자, 효명세자, 양녕대군, 연산군의 장자 등이 그들이다.

책봉례 후 세자는 조선시대 최고 교육기관인 성균관에서 입학례를 치렀다. 성균관에 입학하는 사대부 자제와 마찬가지로 대성전에 있는 공자의 신위에 잔을 올리고, 명륜당에서 스승에게 예를 행하고 가르침을 받는 의식을 거쳐야 했다. 세자의 신분으로 입학례를 처음 치른 사람은 문종으로, 8세가 되던 해에 성균관 입학례를 치렀다. 세자 입

문제풀이 시간 표시

각 문제유형에 따라 총 문항 수와 총 문제풀이 시간, 문항당 문제풀이 시간을 제시하였다.

음에 대한 알맞은 답을 고르시오.

총 문항 수 : 12문항 I 총 문제풀이 시간 : 6분 I 문항당 문제풀이 시간 : 30초

친 부분에 들어갈 문장으로 알맞은 것을 고르면?

어지면 내일 비가 올 것이다.
으면 별똥별이 떨어진다.

중요문제 표시

기출유형에 근접한 문제마다 표시하여 중요문제를 쉽게 파악할 수 있게 하였다.

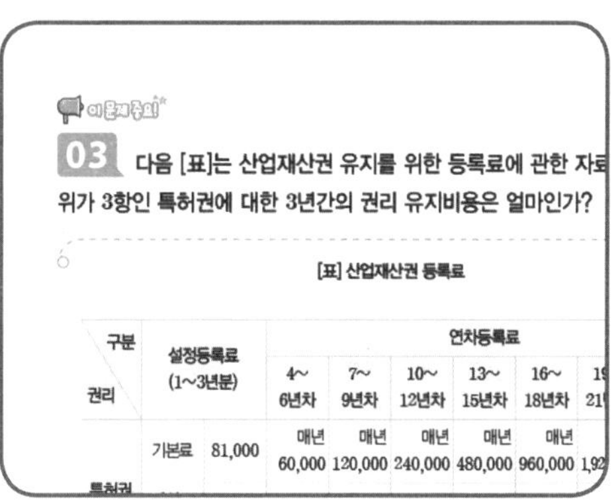

이 문제 중요!

03 다음 [표]는 산업재산권 유지를 위한 등록료에 관한 자료
위가 3항인 특허권에 대한 3년간의 권리 유지비용은 얼마인가?

[표] 산업재산권 등록료

구분 / 권리	설정등록료 (1~3년분)		연차등록료					
			4~ 6년차	7~ 9년차	10~ 12년차	13~ 15년차	16~ 18년차	1 21
특허권	기본료	81,000	매년 60,000	매년 120,000	매년 240,000	매년 480,000	매년 960,000	1,92

타임테이블 & 채점결과

각 문제유형을 모두 풀었을 때 걸리는 시간 및 채점결과를 수험생 스스로 점검할 수 있도록 하였다.

소요시간		채점결과	
목표시간	24분	총 문항수	16문항
실제 소요시간	( )분 ( )초	맞은 문항 수	( )문항
초과시간	( )분 ( )초	틀린 문항 수	( )문항

44

차 례

1 day

언어력

2 day

수리력

3 day

기업소개

1 비전

고객을 위한 가치 창조와 인간 존중의 경영을 바탕으로 한 정도경영을 통해 궁극적으로 달성하고자 하는 '일등 LG'는, 시장에서 인정받고 시장을 리드하는 선도기업이 되는 것을 의미합니다.

1. 고객 : 고객이 신뢰하는 LG

탁월한 품질과 브랜드 가치로 고객을 감동시켜 고객 스스로 최고라고 인정하게 만드는 것

2. 투자자 : 투자자들에게 가장 매력적인 LG

높은 투자수익률로 투자자들에게 가장 매력적인 가치를 지닌 회사로 인정받는 것

3. 인재 : 인재들이 선망하는 LG

최고의 인재가 모여 주인의식을 가지고 신명나게 일할 수 있는 최고의 직장이 되는 것

4. 경쟁사 : 경쟁사들이 배우고 싶어하는 LG

일등경영을 통해 탁월한 성과를 창출함으로써 경쟁사들이 두려워하면서도 배우고 싶어하는 기업이 되는 것

2 경영이념

1. 고객을 위한 가치창조

(1) 고객중심

① 경영의 출발점이 되는 고객을 최우선으로 생각한다.

② 항상 최종 소비자 관점을 중시하여 판단하고 평가한다.

(2) 실질적 가치 제공

① 고객의 잠재적 요구까지도 한발 앞서 찾아낸다.

② 고객의 기대를 뛰어넘는 최고의 제품과 서비스를 제공한다.

(3) 혁신을 통한 창조

① 기존의 틀을 깨는 차별화된 아이디어를 창출한다.

2. 인간 존중의 경영

(1) 창의 · 자율

① 고정관념에서 탈피하여 새로운 생각과 시도를 추구한다.

② 자기 책임과 권한에 따라 주인의식을 가지고 일한다.

(2) 인간중시

① 개개인의 인격과 다양성을 존중한다.

② 고객가치 창출의 원천인 구성원을 가장 중요한 자산으로 여긴다.

(3) 능력개발 및 발휘 극대화

① 스스로 세계 최고가 되겠다는 신념으로 일하고 능력을 개발한다.

② 개개인의 잠재력이 최대한 발휘될 수 있도록 기회를 제공한다.

(4) 성과주의

① 도전적인 목표를 세우고 지속적인 성과 창출에 노력한다.

② 능력과 장단기 성과에 따라 공정하게 평가하고 보상한다.

3 행동방식

(1) 정직

원칙과 기준에 따라 투명하게 일합니다.

(2) 공정한 대우

모든 거래관계에서 공평하게 기회를 제공하고, 공정하게 대우합니다.

(3) 실력을 통한 정당한 경쟁

정정당당하게 경쟁하여 이길 수 있는 실력을 키웁니다.

4 인재상

LG Way에 대한 신념과 실행력을 겸비한 사람

(1) 꿈과 열정을 가지고 세계 최고에 도전하는 사람

(2) 팀워크를 이루며 자율적이고 창의적으로 일하는 사람

(3) 고객을 최우선으로 생각하고 끊임없이 혁신하는 사람

(4) 꾸준히 실력을 배양하여 정정당당하게 경쟁하는 사람

5 LG 채용안내

지원서 접수 → 서류 전형 → 인적성 검사 → 면접 전형 → 인턴 십 → 건강 검진 → 최종 합격

(1) 서류전형

① 필요한 질문만! 간소화된 입사지원서

LG의 입사지원서에서는 직무에 관계없이 지원자 모두에게 인턴, 봉사활동, 자격증, 공모전, 어학성적 등을 요청하지 않습니다. 지원자 여러분들의 단순한 스펙 쌓기 활동을 지양한다는 취지에서입니다. 대신 자기소개서 항목을 통해 지원자 여러분들이 회사와 직무에 대한 관심 또는 역량을 자세히 파악하고자 합니다.

② 자기소개서에는 어떤 내용을?

LG의 자기소개서는 LG에 대한 관심과 직무수행 역량을 확인하고자 합니다. 따라서 본인이 지원한 회사 또는 직무에 얼마나 적합한 인재인지를 적어주시기 바랍니다.

(2) 인적성검사

인적성검사는 LG 임직원의 사고 및 행동 방식의 기본 틀인 LG Way에 적합한 인재를 선별하고자 하는 LG만의 평가 방식입니다. 이는 모든 신입/

인턴 지원자에게 공통적으로 실시되는 시험으로, 신입으로 입사하기 위해서는 필수적으로 치러야 합니다.

※ LG인적성검사의 유효 기간은 응시일 기준 6개월이며, 이 기간 내에 동일 회사의 채용 공고에 재 지원하실 경우 이전 응시 결과가 적용될 수 있습니다.
(각 사별 기준이 다를 수 있으므로 자세한 내용은 각 사의 인적성검사 전형 시 안내될 내용을 참고하시기 바랍니다.)

(3) 면접전형

① 면접은 서로가 서로를 만나 이해할 수 있는 자리입니다.

② 각 사별 다양한 방식으로 면접을 진행합니다.

③ 가장 중요한 것은 지원 회사와 지원 직무에 대한 관심과 열정입니다.

(4) 건강검진 및 합격

즐거운 회사 생활을 위해 첫 번째로 챙겨야 할 것은 바로 건강입니다. 건강검진은 건강한 몸과 마음으로 회사생활을 시작할 수 있는지를 판단해 볼 수 있는 시간입니다.

LG 인적성검사

인적성검사는 LG 임직원의 사고 및 행동 방식의 기본 틀인 LG Way에 적합한 인재를 선별하고자 하는 LG만의 평가 방식입니다.

구분	시험과목	문항수	특성
적성검사	언어이해	20문항	일치/불일치 문항이 대부분, 지문의 길이가 다소 길어 시간 부족
	언어추리	20문항	명제 문제의 비중이 높음
	수리력	30문항	수추리와 응용수리는 다소 어렵게 출제되며 자료해석은 평이하게 출제됨
	도형추리	20문항	예제문제로 유형 파악할 시간을 따로 주므로 이때 확실하게 파악하는 것이 중요함
	도식적추리	15문항	
인성검사(LG Way Fit Test)		342문항	LG Way에 맞는 개인별 역량 또는 직업 성격적인 적합도 확인

* 도형추리와 도식적추리는 매년 변화무쌍한 패턴을 보임
* 본서에 수록된 LG 인적성검사 영역과 문제들은 2019년 채용을 기준으로 하였으므로 추후 변경 가능성이 있으며, 문항 수는 계열사에 따라 상이할 수 있습니다. 자세한 사항은 LG그룹 채용 홈페이지(http://careers.lg.com)를 반드시 확인하시기 바랍니다.

1DAY

언어력

1DAY

언어력

1. 언어이해

기출유형분석

문제풀이 시간 : 1분 30초

▶ 다음 글의 내용과 일치하지 않는 것은?

세자는 다음 왕위를 계승할 후계자로서 세자의 위상을 높이는 각종 통과의례를 거쳐야 했다. 책봉례는 세자가 왕의 후계자가 되는 가장 중요한 공식 의식으로, 세자는 왕으로부터 세자 임명서를 수여받았다. 책봉례가 끝나면 의궤를 작성하였다. 세자는 적장자 세습 원칙에 따라 왕비 소생의 장자가 책봉되는 것이 원칙이었다. 그러나 실제로 조선시대를 통틀어 총 스물 일곱 명의 왕 중 적정자로서 왕위에 오른 왕은 문종, 단종, 연산군, 인종, 현종, 숙종, 순종 이렇게 일곱 명에 불과했다. 적장자로 태어나 세자로 책봉은 되었지만 왕위에 오르지 못한 세자도 여러 명이었다. 덕종, 순회세자, 소현세자, 효명세자, 양녕대군, 연산군의 장자 등이 그들이다.

책봉례 후 세자는 조선시대 최고 교육기관인 성균관에서 입학례를 치렀다. 성균관에 입학하는 사대부 자제와 마찬가지로 대성전에 있는 공자의 신위에 잔을 올리고, 명륜당에서 스승에게 예를 행하고 가르침을 받는 의식을 거쳐야 했다. 세자의 신분으로 입학례를 처음 치른 사람은 문종으로, 8세가 되던 해에 성균관 입학례를 치렀다. 세자 입학례는 세자를 위한 중요한 통과의례였으므로 기록화로 남겨졌다. 입학례 이후에 거행되는 관례는 세자가 성인이 되는 통과의례이다. 이것은 오늘날의 성년식과 같다. 관례를 치르면 상투를 틀고 관을 쓰므로 관례라 하였다. 사대부의 자제는 보통 혼례를 치르기 전 15세에서 20세에 관례를 치르지만, 세자는 책봉된 후인 8세에서 12세 정도에 치렀다. 관례를 치르고 어엿한 성인이 된 세자는 곧이어 가례, 즉 혼례를 행하였다. 혼례식은 관례를 행한 직후에 이루어졌다. 관례가 8세에서 12세 정도에 이루어진 만큼, 혼례식은 10세에서 13세 정도에 거행되었다. 왕이나 세자의 혼례식 전 과정은 가례도감 의궤로 남겨졌다.

① 조선시대의 왕이 모두 적장자는 아니었다.
② 사대부 자제도 세자와 마찬가지로 입학례, 관례, 혼례의 통과의례를 거쳤다.
③ 세자의 통과의례가 거행될 때마다 행사의 내용을 의궤로 남겼다.
④ 세자의 대표적 통과의례 중 성인이 된 후 치른 의례는 가례였다.
⑤ 세자의 통과의례는 대개 책봉례, 입학례, 관례, 가례의 순서로 거행되었다.

정답 해설 제시문에 따르면 의궤로 남긴 통과의례는 책봉례와 가례(혼례)이다. 입학례와 관례의 경우 의궤로 남겼는지에 대해서는 언급하지 않았다.

정답 ③

[01~16] 다음 물음에 알맞은 답을 고르시오.

총 문항 수 : 16문항 | 총 문제풀이 시간 : 24분 | 문항당 문제풀이 시간 : 1분 30초

01 다음 글의 내용과 일치하지 않는 것은?

모든 미학 체계는 어떤 특수한 정서를 느끼는 개인적 경험에서 출발한다. 이러한 정서를 유발하는 대상들을 우리는 예술작품이라고 부른다. 예술작품들에 의해서만 촉발되는 독특한 정서가 존재한다는 것에 감수성 있는 사람들이라면 모두 동의한다. 이와 같은 특수한 종류의 정서가 존재한다는 사실, 그리고 이 정서가 회화, 조각, 건축 등 모든 종류의 예술에 의해서 촉발된다는 사실은 누구도 부인할 수 없다. 이 정서가 '미적 정서'이다. 그리고 만약 우리가 그 정서를 유발하는 모든 대상들에 공통적이고 그 대상들에만 특수한 어떤 속성을 발견할 수 있다면 우리는 미학의 핵심 문제를 해결하게 될 것이다. 모든 예술작품에 공통되고 그것들에만 특수한 속성은 무엇인가?

그 속성이 무엇이건 그것이 다른 속성들과 함께 발견된다는 점은 분명하다. 그러나 다른 속성들이 우연적인 반면 그 속성은 본질적이다. 그것을 갖고 있지 않으면 그 어떤 것도 예술작품이 아니고, 최소한이라도 그것을 소유하면 그 어떤 작품도 완전히 무가치할 수는 없는 그러한 하나의 속성이 존재함에 틀림없다. 이 속성은 무엇일까? 어떤 속성이 우리의 미적 정서를 유발하는 모든 대상들에 의해 공유되는 것일까? 소피아 사원과 샤르트르

성당의 스테인드글라스, 멕시코의 조각품, 파도바에 있는 지오토의 프레스토 벽화들, 그리고 푸생, 피에로 델라 프란체스카와 세잔의 걸작들에 공통된 속성은 무엇일까? 오직 하나의 대답만이 가능해 보인다. 바로 '의미 있는 형식'이다. 방금 말한 대상들 각각에서 특수한 방식으로 연관된 선과 색들, 특정 형식과 형식들의 관계가 우리의 미적 정서를 불러일으킨다. 선과 색의 이러한 관계와 연합체들, 미적으로 감동을 주는 이 형식을 나는 의미 있는 형식이라고 부르며 이것이 모든 예술작품에 공통적인 하나의 속성이다.

① 예술작품과 비예술 인공물의 외연은 겹치지 않는다.
② 조각품이나 회화 등의 예술작품은 미적 정서를 유발한다.
③ 미적 정서를 일으키는 성질과 의미 있는 형식 사이에는 괴리가 있을 수 있다.
④ 어떤 것이 예술이 되기 위해서 만족해야 할 필요하고도 충분한 조건이 존재한다.
⑤ 누가 어떤 대상에서 미적 정서를 느끼지 못한다면 그는 감수성 있는 사람이 아니거나 그 대상이 예술이 아니다.

정답해설 미적 정서를 유발하는 모든 대상이 가진 공통되고 그것에만 특수한 속성이 바로 '의미 있는 형식'이다. 그러므로 둘 사이에는 괴리가 있을 수 없다.

02 다음 글의 내용과 일치하지 않는 것은?

저명한 경제학자 베어록(P. Bairoch)이 미국을 가리켜 근대적 보호주의의 모국이자 철옹성이라고 표현한 바 있듯이, 아마도 유치산업* 장려정책을 가장 열성적으로 시행한 국가는 미국일 것이다. 하지만 미국 학자들은 이 사실을 좀처럼 인정하지 않고 있으며, 일반 지식인들도 이 사실을 인식하지 못하는 듯하다. 유럽 산업혁명 연구의 권위자인 경제사학자 트레빌콕(C. Trevilcock)도 1879년에 시행된 독일의 관세인상에 대해 논평하면서 당시 '자유무역 국가인 미국'을 포함한 모든 국가들이 관세를 인상하고 있었다고 서술하고 있을 정도이다.

또 관세가 높은 것을 인정하는 경우에도 그것의 중요성은 폄하하는 경우가 많았다. 예를 들어 노벨경제학상 수상자인 노스(D. North)는 최근까지 미국 경제사에 관한 논문에서 관세에 대해 단 한 번 언급하였는데 그나마 관세는 미국의 산업 발전에 별 영향을 미치지 못했기 때문에 더 논의할 필요가 없다고 했다. 그는 구체적 근거를 제시하지도 않은 채 매우 편향적인 참고문헌을 인용하면서 "남북전쟁 이후 관세의 보호주의적 측면이 강화되었지만 관세가 제조업 성장에 상당한 영향을 주었다고 믿기는 의심스럽다."라고 주장하였다.

그러나 좀 더 세밀하고 공정하게 역사적 자료를 살펴보면 대부분의 신흥공업국들이 펴온 유치산업 보호정책이 미국의 산업화 과정에서 쉽게 발견되고 있고, 미국 경제발전에도 매우 중요한 영향을 끼쳤다는 것을 알 수 있다. 연방정부가 탄생하기 이전의 식민지 시대부터 국내산업의 보호는 미국 정부의 현안 문제였다. 영국은 식민지 국가들의 산업화를 바라지 않았고 그 목표를 달성하기 위한 정책들을 차분히 실행하였다. 미국이 독립을 맞이할 즈음 농업 중심의 남부는 모든 형태의 보호주의 정책에 반대하였지만 초대 재무장관인 해밀턴(A. Hamilton)으로 대표되는 제조업 중심의 북부는 보호주의 정책을 원하였다. 그리고 남북전쟁이 북부의 승리로 끝났다는 사실로부터 우리는 이후 미국 무역정책의 골격이 보호주의로 되었음을 어렵지 않게 추론해 낼 수 있다.

*유치산업 : 장래에는 성장이 기대되나 지금은 수준이 낮아 국가가 보호하지 아니하면 국제 경쟁에서 견딜 수 없는 산업

① 미국 학자들은 자국이 보호주의 정책을 통해서 경제성장을 달성하였다는 사실을 인정하려 하지 않는다.

② 남북전쟁에서 남부가 패배한 것은 자유무역 정책을 취했기 때문이다.

③ 미국의 경제발전이 자유무역 방식으로 이루어진 것만은 아니다.

④ 일반적으로 후발 산업국들은 유치산업 보호정책을 취하였다.

⑤ 미국에서는 남북전쟁 이후 보호주의 정책이 강화되었다.

정답해설 미국이 독립을 맞이할 무렵 농업 중심의 남부는 모든 형태의 보호주의 정책에 반대하였지만 제조업 중심의 북부는 보호주의 정책을 원하였다는 제시문의 내용을 통해 남북전쟁에서 남부가 패배한 것은 자유무역 정책을 취했기 때문이라는 내용을 유추하기는 어렵다.

정답 02 ②

03 다음 글의 내용과 일치하지 않는 것은?

20세기 겪은 문명의 야만(野蠻)은 아우슈비츠, 히로시마, 체르노빌이라는 세 지명으로 특징 지워진다. 이 지명들은 인류 문명사의 획기적인 전환점을 상징적으로 말해 준다는 점에서 단순한 이름이기보다는 역사적 기호들이다.

예컨대 과학적 인간 청소를 대변하는 아우슈비츠는 과거에도 인간에 대한 억압이 있었다는 말을 무력하게 만들었고, 히로시마의 원자 폭탄 투하로 끝난 제 2차 세계 대전은 어느 시대에나 전쟁은 있었다는 사실을 우습게 만들었으며, 인류가 과학 기술을 완전히 통제할 수 없을 뿐만 아니라 한 지역의 환경오염은 전 지구에 영향을 미친다는 교훈을 남긴 체르노빌 사건은 인간에 의한 자연의 착취가 한계에 도달했음을 보여 준다. 그것들은 문명의 진보가 반드시 인간성의 실현과 일치하는 것은 아니라는 사실을 보여 준다. 이처럼 20세기는 야만을 극복하는 것으로 이해되어 온 문명이 전혀 다른 종류의 야만을 산출할 수 있다는 의식이 생겨난 세기이다. 풍요 속의 만성적 기아, 구조적인 남북 갈등, 통제할 수 없는 핵폐기물, 오존층의 파괴, 사라져 가는 열대림, 환경오염과 생태계의 파괴, 인간 복제 등은 바로 우리가 지금 겪고 있는 문명의 야만이다.

그러나 20세기는 동시에 이러한 문명의 야만을 극복하고자 하는 의식(意識)도 역시 존재한 시기이기도 하다. 즉, 아우슈비츠는 인권의 세계적 보편화를 초래했고, 히로시마는 핵전쟁으로 비롯된 인류의 파국을 막기 위한 평화의 수단을 제도적으로 강구하게 했으며, 체르노빌은 과학 기술에 대한 통제의 필요성을 환기시켰다. 이러한 점에서 20세기는 역설(逆說)의 세기이기도 한 것이다.

우리가 살고 있는 이 시대, 그리고 앞으로 전개될 미래 세계의 문명은 세계화, 정보화, 민주화 등으로 규정할 수 있다. 세계화는 분명 인류가 직면한 피할 수 없는 운명이며, 그것은 전 세계가 과학 기술 문명과 자본주의의 지배를 받는다는 것을 의미한다. 과학 기술 문명이 근세 서양의 합리주의에 토대를 두고 있다는 사실을 생각하면, 세계화가 서양화(西洋化)의 성격을 띠고 있다는 것은 분명하다. 정보화는 컴퓨터와 같은 고도의 기술을 통해 인간의 지식이 무한히 확장, 유통될 수 있게 된 것을 의미한다. 무한 경쟁의 지식 정보화 사회에서는 정확한 정보를 누가 먼저 습득하는가가 매우 중요하다. 민주화는 인권 개념이 전 세계적으로 보편화됨으로써 국민, 국가뿐만 아니라 국가 상호 간의 관계 역시 민주주의적 원칙에 따라 이루어지는 것을 의미한다. 전 세계의 인류가 하나의 생활 공동체로서 공존하려면 다른 문화를 인정하고 관용을 전제로 하는 민주화가 필연적이다.

그러나 세계화, 정보화, 민주화로 규정되는 오늘날의 문명 또한 야만을 산출할 수 있으며 이 시대를 살고 있는 우리는 문명의 야만을 보완할 새로운 문명을 창출, 발전시키려는 노력을 해야 한다. 우리가 오늘날 그리고 21세기에 이와 같은 새로운 형태의 문명을 실현하고자 한다면, 우리는 우주문명을 보편사적 진보의 과정으로 파악하는 서양 중심적 사관에서 벗어나야 하지 않을까?

① 과학 기술 문명은 근세 서양의 합리주의에 기초하고 있다.
② 문명의 진보가 인간성의 실현과 항상 일치하는 것은 아니다.
③ 아직까지 인류는 과학 기술을 완전히 통제하고 있지 못하다.
④ 아우슈비츠의 학살은 인간에 대한 억압의 대표적인 사례이다.
⑤ 오늘날 전 세계의 인류는 하나의 생활 공동체로서 공존하고 있다.

정답 해설 "전 세계의 인류가 하나의 생활 공동체로서 공존하려면 다른 문화를 인정하고 관용을 전제로 하는 민주화가 필연적이다."에서 '전 세계의 인류가 하나의 생활 공동체로서 공존하려면' 같은 가정을 한 것으로 보아 ⑤의 진술은 본문의 내용과 부합하지 않는다.

04 다음 글의 내용과 일치하지 않는 것은?

개방된 사회 구조는 대체로 다원적 구조다. 밖으로 열려 있기 때문에 여러 다른 생각들과 신앙들과 이념들이 그 속에서 공존할 수 있다. 그러기에 열려 있는 상황은 복잡한 상황이다. 현실과 현상이 복잡하다. 개방 체제의 또 다른 특징은 사회 이동이 자유롭다. 성공과 실패의 부침(浮沈)이 자유롭다. 이 같은 상황에서는 만병통치식의 묘안이 쉽게 나오지 않는다.

그리고 한 사람의 생각만으로 문제가 쉽게 풀리지 않는다. 그래서 정직한 지도자일수록 자기의 '무능'을 고백한다. 그리고 현상의 복잡성을 충분히 인식하는 까닭에 그 현상 앞에 겸손해진다. 복잡한 사회 문제를 대번에 해결할 수 있다고 하는 오만한 자세를 취하지 않는다. 그는 "할 수 있다." 또는 "하면 된다."의 논리를 취하지 않고 "할 수 없는 문제가 많지

만 최선을 다해 보겠다."는 겸손한 자세를 취한다.

복잡하고 이동이 많은 개방 사회는 일사불란(一絲不亂)의 질서를 요구하지 않는다. 한 오라기의 실로 꿰인 질서나 위로부터의 명령된 질서를 요구하지 않는다. 왜냐하면 그렇게 열린 상황에서는 일사불란이 참으로 강한 질서가 될 수 없기 때문이다. 오히려 여러 개의 실들로 얽혀 하나의 질서를 만들어 나가는 것이 튼튼하기 때문이다. 다사불란(多絲不亂)이 참으로 튼튼한 것이다. 그러니까 한 올의 실이 잘못되었을 경우 모든 것이 어지럽게 되는 것이 아니다. 설령 한두 개의 실이 잘못되어도 전체는 여전히 불란의 질서를 지켜 나가는 것이 바로 바람직한 질서다. 이것이 바로 민주적 질서다. 나 하나의 생각은 부족하기에 여러 사람의 뜻과 생각이 합쳐질 때 더 좋은 것을 만들어 낼 수 있다는 믿음이 그곳에 깔려 있다.

열린 구조의 또 다른 중요한 특징은 이기는 자와 지는 자 사이에 불신과 원한이 깊어지지 않는다는 점에서 찾아볼 수 있다. 이겨도 묵사발로 이기지 않는다. 압승(壓勝)을 환영하자는 것이 아니라 오히려 염려한다. 이겨도 50여 퍼센트로 이기고 져도 40여 퍼센트로 진다. 그러니 이겼다고 해서 마음 푹 놓고 오만할 수 없다. 겨우 이겼으니 다시 한 번 정신 차려 일을 잘 해야겠다는 다짐을 하게 된다. 그는 승리를 두렵게 받아들인다. 그리고 겸손하게 받아들인다. 반면, 진 사람은 졌다고 해서 비굴해지거나 좌절하지 않는다. 40여 퍼센트의 지지자들이 있기에 졌어도 구김살 없이 당당할 수 있다. 그래서 비록 졌지만 이긴 사람에게 꽃다발을 보낼 여유를 갖는다. 여기에 승자와 패자 간의 원한이 들어설 자리가 별로 없다. 다음의 대결을 놓고 또 한 번 정정당당하게 싸워 본다. 그러기에 이긴 자의 정신도 진 자의 정신도 모두 건강하다. 개방 체제가 건강한 체제가 되는 까닭이 바로 여기에 있다. 이 같은 분위기에서는 누가 절대로 옳고 누가 절대로 나쁜지를 판가름하기가 쉽지 않다. 이긴 사람이 항상 옳은 것이 아니다. 그렇다고 진 사람이 항상 틀린 것도 아니다. 선악과 정사(正邪)의 구별이 선명치 않다. 이런 경우 중도적(中道的) 입장은 먹혀든다.

그런데 이긴 자가 압승함으로써 진 자에게 군림할 때는 무엇이 잘못된 것인지 곧 알 수 있다. 도대체 복잡한 현대 사회에서 100퍼센트나 99퍼센트로 압승한다는 것 자체가 벌써 틀린 것이고 잘못된 것이다. 이런 상황에서 중도적 입장은 설 자리가 없다. 오히려 흑백 논리가 적합해진다. 그러나 51퍼센트 대 49퍼센트로 이기고 지는 상황에선 어느 쪽이 틀린 것인지 가리는 것이 그렇게 쉽지 않다. 여기에 흑백 논리가 들어설 자리가 없다. 다시 말하거니와 승자도 압승하지 못하여 겸손해질 수밖에 없고, 패자는 가까스로 졌으니 오히려 당당해질 수 있는 개방 체제에서는 중도(中道)의 논리가 건전하고 바람직하다.

① 개방된 사회에서 중도의 논리는 바람직하다.
② 개방된 사회는 다양성 속의 질서를 요구한다.
③ 개방된 사회에서 흑백 논리는 비판받아야 한다.
④ 개방된 사회일수록 경쟁의 논리는 바람직하지 않다.
⑤ 개방된 사회에서 경쟁의 미덕은 겸손과 당당함이다.

정답해설 개방된 사회라 해서 경쟁 자체를 부정하지 않는다. 다만 경쟁의 결과 압도적 승리와 패배로 갈리는 것을 부정적으로 여길 뿐이다.

05 다음 글의 내용과 일치하지 않는 것은?

유물은 긴 세월을 거치면서 외부 조건에 의해 그 상태가 쉽게 훼손되기 때문에 주의해서 다루어야만 한다. 목제품, 섬유류, 가죽 등의 유기질 유물은 건조한 상태와 젖어 있는 상태가 반복되는 환경에서는 토기나 석기 등에 비해서 쉽게 분해되지만, 늘 건조하거나 늘 젖어 있는 환경에서는 비교적 양호하게 보존되는 특징이 있다. 그래서 유기질 유물은 대부분 이와 같은 환경에서 발견된다.

현존하는 유기질 유물 중 목재는 두 종류로 나눌 수가 있다. 하나는 고건축 재료로 사용된 건조한 목재이고, 다른 하나는 오랜 기간 물속에 잠겨 있었기 때문에 과다하게 물을 함유한 목재이다. 물을 많이 함유한 목재를 수침출토목재(水浸出土木材)라 하는데 오랫동안 물에 잠긴 상태에 있었기 때문에 목재 속의 수지 성분이나 셀룰로오스 성분의 대부분이 빠져 나가 목재로서의 강도를 잃어버린 상태이다.

대체로 살아 있는 수목의 함수율이 100% 내외인데 비해 수침출토목재의 함수율은 침엽수가 100%~500%, 활엽수가 300%~800%이다. 수침출토목재는 과다하게 함유한 수분에 의해서 겨우 그 원형을 유지하고 있는 상태이므로 수침출토목재를 발굴하는 과정에서 적절한 조치 없이 방치하면 건조해서 갈라지고 수축하여 본래의 형태를 잃어버리게 된다. 그래서 수침출토목재는 발굴 즉시 습한 조건을 유지시켜야 하고, 항구적인 보존 처리

정답 05 ②

를 시행하기까지 건조되는 것을 방지해야 한다.

수축해서 변형된 목제품을 본래 형태로 상정하는 것은 어려운 일이지만, 수축한 목재를 팽윤*시켜서 복원을 시도한 연구가 계속되고 있고 수축한 정도와 나무 종류에 따라 거의 완전하게 본래의 형태를 회복시킨 예도 있다. 독일 국립해양박물관의 호프만은 수중에서 발굴한 후에 수축 변형된 중세의 목제품 고블릿(goblet, 굽이 높은 와인 잔)의 형상을 복원하고 보존 처리하는 데 성공했는데 그 방법을 요약하면 다음과 같다.

일반적으로 목재는 90~180℃의 증기로 열을 가하면 유연하게 되며 뜨거운 상태에서 구부린 후 식히면 그 형상이 유지된다. 이것을 알칼리 용액에 넣어 끓이면 팽윤된다. 그러나 형상은 회복되었어도 조금만 부주의하게 취급하면 본래의 형태가 붕괴되어 버릴 정도로 약한 상태이다. 그래서 원래의 형상에 알맞게 형틀을 만들고 고블릿에 붙여서 지지하여 보강한다. 이 상태에서 제품에 함유된 수분을 전부 알코올로 치환한다. 그 다음 알코올에 용해시킨 폴리에틸렌글리콜(PEG)을 스며들게 하여 강화시키는데 이 과정에서 시간이 많이 소요된다.

폴리에틸렌글리콜이 스며든 고블릿을 먼저 만든 형틀에 따라 형태를 정비하고 또한 파편도 제 위치에 찾아 넣어 고블릿으로서의 형상을 복원한다. 그리고 이것을 진공 동결 건조시킨다. 이 때 고블릿의 결손부에 페놀 수지제의 미소구체*와 에폭시 수지를 고루 섞이도록 개어서 색상을 넣은 접합 물질을 메워 넣어 정형하면 복원이 완료된다.

*팽윤 : 고분자 화합물이 용매를 흡수하여 부피가 늘어나는 일

*미소구체 : 공처럼 내부가 빈 공간으로 되어 있는 미세한 분말

① 변화가 심한 환경에서 유물은 쉽게 훼손된다.
② 수침출토목재는 발굴한 뒤 곧바로 수분을 제거하여 건조시켜야 한다.
③ 수지 성분이나 셀룰로오스 성분이 빠진 목재는 약하고 힘이 없는 상태이다.
④ 건조한 상태가 계속된 환경에서 발견된 유기질 유물은 비교적 상태가 양호하다.
⑤ 수축한 목재를 팽윤시켜서 복원을 시도한 연구는 계속되고 있다.

정답 해설 셋째 문단에서, '수침출토목재는 발굴 즉시~건조되는 것을 방지해야 한다.'라고 했으므로 ②는 이 글의 내용과 일치하지 않는다.

06 다음 글의 내용과 일치하지 않는 것은?

우리가 알고 있는 한 완전하게 경제적 평등을 이룩한 사회는 예전에도 없었고 지금도 없다. 인간의 사회에는 보통 사람들만 살고 있는 것이 아니라, 남보다 훨씬 잘 사는 사람과 끼니조차 해결하기 힘든 사람들이 반드시 섞여 살기 마련이다. 사람마다 생긴 모습이 제각각인 것처럼 경제적 지위에도 서로 차이가 나는 것이 자연스러운 일인지도 모른다. 생긴 모습의 차이는 그저 한 번 웃어버리고 잊을 수도 있을 정도의 것일 수도 있다. 그러나 경제적 지위의 차이는 그렇지 않다. 그것은 삶의 질과 직결되는 중요한 문제이기 때문에 결코 쉽게 넘길 수 없는 것이다.

그렇다면 어떤 이유에서 사람들의 경제적 지위에 차이가 생기는 것인가? 불평등을 일으키는 원인으로 제일 먼저 생각할 수 있는 것은 사람마다 달리 타고난 '능력'이다. 정신적, 육체적 능력의 차이가 경제적 성패를 좌우하는 중요한 요인이라는 사실에는 의심의 여지가 없다. 마이크로 소프트사의 빌 게이츠같이 머리가 좋은 사람, 수퍼스타로 알려진 직업 운동선수들이 이를 입증해 준다.

다음으로 생각해 볼 수 있는 것은 부모로부터 '상속받은 재산'의 차이다. 본인이 잘났고 못났고에 관계없이, 많은 유산을 상속받은 사람이 부자가 되는 것이다. 말하자면 한 세대의 경제적 지위가 유산 상속을 통해 다음 세대로 세습되는 것이라고 할 수 있다. 경제적 지위가 유산 상속을 통해 세습되는 정도는 사회의 제도나 관습에 따라 달라질 수 있다. 예컨대 어떤 사회에서는 상속세가 매우 무겁게 부과되어 부의 세습이 힘든 반면, 다른 사회에서는 유명무실하여 쉽게 세습될 수 있는 등의 차이가 있을 수 있다.

개인의 자유로운 '선택'의 결과로서 소득이나 재산에 격차가 생길 수도 있다. 열심히 일하여 많이 벌겠다는 선택을 하는 사람이 있는 반면, 조금만 일하고 적게 벌면서 시간의 여유를 갖겠다고 마음먹은 사람도 있다. 고등학교를 마치자마자 돈을 벌기로 선택하는 사람도 있고, 대학원까지 다닌 다음 취직하기를 선택하는 사람도 있다.

힘들고 어렵더라도 높은 보수에 끌려 해외로 나가는 사람도 있고, 낮은 보수를 받더라도 국내에서 취업하는 사람도 있다. 또 부지런히 저축하여 재산을 모으는 사람이 있는가 하는 반면, 써 버리기를 좋아하여 한 푼도 모으지 못하는 사람도 있다.

조금 우습게 들릴지 모르지만 '운수'가 좋고 나쁨도 경제적 지위의 불평등을 일으키는 중요한 원인이 된다. 객관적인 여건으로 보면 거의 비슷한 두 사람이라 할지라도, 운이 좋고 나쁨에 경제적 성패가 엇갈리는 경우를 우리 주위에서 흔하게 볼 수 있다. 사업에는 예상하지 못하던 일들이 갑자기 생겨나기도 한다.

정답 06 ②

난방 사업에 뛰어든 사업가의 예를 들어 이를 설명해 보자. 이 사람이 가진 기술이 뛰어나고 사업 감각이 세련되었다고 할지라도, 그가 사업을 시작한 그 해 겨울이 예상과는 달리 보기 드물게 따뜻했다고 생각해 보자. 그는 결국 사업상의 이익을 볼 수 있을 만큼의 난방 기구 수요자들이 생기지 않아서 도산의 아픔을 맛볼 수밖에 없다. 이 경우는 사업의 실패를 운수의 탓으로밖에 설명할 길이 없을 것이다.

마지막으로 정부의 정책, 차별 대우, 혹은 부정부패와 같은 '사회적 요인'을 경제적 지위에 차이를 가져오게 하는 요인으로 지적할 수 있다. 예를 들어 경제의 외형적 성장을 극대화시키는 데 주력한 나머지 성장 잠재력이 큰 몇 개 부문에 정부의 지원을 집중시키는 정책은 부의 편중을 심화시킬 수 있다. 지난날의 '성장 우선주의' 경제 정책은 우리 사회에 이러한 경제적 불평등의 씨앗을 뿌려 놓았고 그 후유증은 아직도 완전히 치유되지 못하고 있다. 더구나 정치와 경제의 유착에 의한 몇몇 사람들의 엄청난 축재는 자본주의 경제 질서의 기반이라고 할 수 있는 부의 정당성마저 뒤흔들게 되어 사회 전체에 여러 가지 불행한 결과들을 가져왔다.

① 소득보다 시간의 여유를 더 중요시하는 사람도 있다.
② 경제적 평등을 이룩했던 과거 시대의 상황을 고찰할 필요가 있다.
③ 사람마다 능력이 다르기 때문에 경제적 지위의 차이가 생길 수 있다.
④ 과거의 성장 우선주의 경제 정책으로 인해 경제적 불평등이 유발되었다.
⑤ 경제적 지위가 세습되는 정도는 사회의 제도나 관습에 따라 달라질 수 있다.

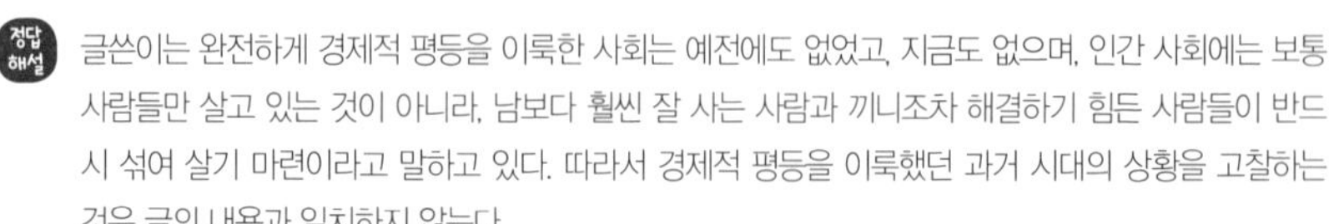
정답 해설 글쓴이는 완전하게 경제적 평등을 이룩한 사회는 예전에도 없었고, 지금도 없으며, 인간 사회에는 보통 사람들만 살고 있는 것이 아니라, 남보다 훨씬 잘 사는 사람과 끼니조차 해결하기 힘든 사람들이 반드시 섞여 살기 마련이라고 말하고 있다. 따라서 경제적 평등을 이룩했던 과거 시대의 상황을 고찰하는 것은 글의 내용과 일치하지 않는다.

07 다음 글의 내용과 일치하지 않는 것은?

경제 성장은 장기적인 관점에서 국내 총생산(GDP)이 지속적으로 증가하는 것이다. 그러나 경제가 꾸준히 성장하는 국가라 하더라도, 경기는 좋을 때도 있고 나쁠 때도 있다. 경기 변동은 실질 GDP*의 추세를 장기적으로 보여 주는 선에서 단기적으로 그 선을 이탈하여 상승과 하락을 보여 주는 현상을 말한다. 경기 변동을 촉발하는 주원인에 대해서는 여러 견해가 있다.

1970년대까지는 경기 변동이 일어나는 주원인이 민간기업의 투자 지출 변화에 의한 총수요* 측면의 충격에 있다는 견해가 우세했다. 민간 기업이 미래에 대해 갖는 기대에 따라 투자 지출이 변함으로써 경기 변동이 촉발된다는 것이다. 따라서 정부가 총수요 충격에 대응하여 적절한 총수요 관리 정책을 실시하면 경기 변동을 억제할 수 있다고 보았다. 그러나 1970년대 이후 총수요가 변해도 총생산은 변하지 않을 수 있다는 비판이 제기되자, 이에 따라 금융 당국의 자의적인 통화량 조절이 경기 변동의 원인으로 작용한다는 주장이 제기되었다.

이후 루카스는 경제 주체들이 항상 '합리적 기대'를 한다고 보고, 이들이 불완전한 정보로 인해 잘못된 판단을 하여 경기 변동이 발생한다는 '화폐적 경기 변동 이론'을 주장하였다. 합리적 기대란 어떤 정보가 새로 들어왔을 때 경제 주체들이 이를 적절히 이용하여 미래에 대한 기대를 형성한다는 것이다. 그러나 경제 주체들에게 주어지는 정보가 불완전하기 때문에 그들은 잘못 판단할 수 있으며, 이로 인해 경기 변동이 발생하게 된다. 루카스는 가상의 사례를 들어 이를 설명하고 있다.

일정 기간 오직 자신의 상품 가격만을 아는 한 기업이 있다고 하자. 이 기업의 상품 가격이 상승했다면, 그것은 통화량의 증가로 전반적인 물가 수준이 상승한 결과일 수도 있고, 이 상품에 대한 소비자들의 선호도 변화 때문일 수도 있다. 전반적인 물가 상승에 의한 것이라면 기업은 생산량을 늘릴 이유가 없다. 하지만 일정 기간 자신의 상품 가격만을 아는 기업에서는 아무리 합리적 기대를 한다 해도 가격 상승의 원인을 정확히 판단할 수 없다. 따라서 전반적인 물가 수준이 상승한 경우에도 그것이 선호도 변화에서 온 것으로 판단하여 상품 생산량을 늘릴 수 있다. 이렇게 되면 근로자의 임금은 상승하고 경기 역시 상승하게 된다. 그러나 일정 시간이 지나 가격 상승이 전반적인 물가 수준의 상승에 의한 것임을 알게 되면, 기업은 자신이 잘못 판단했음을 깨닫고 생산량을 줄이게 된다.

그러나 이러한 루카스의 견해로는 대규모의 경기 변동을 모두 설명하기 어렵다는 비판이 제기되었다. 이에 따라 일부 학자들은 경기 변동의 주원인을 기술 혁신, 유가 상승과 같

정답 07 ③

은 실물적 요인에서 찾게 되었는데, 이를 '실물적 경기 변동 이론'이라고 한다. 이들에 의하면 기업에서 생산성을 향상시킬 수 있는 기술 혁신이 발생하면 기업들은 더 많은 근로자를 고용하려 할 것이다. 그 결과 고용량과 생산량이 증가하여 경기가 상승하게 된다. 반면 유가가 상승하면 기업은 생산 과정에서 에너지를 덜 쓰게 되므로 고용량과 생산량은 줄어들게 된다.

최근 일부 학자들은 한 나라의 경기 변동을 설명하는 중요한 요소로 해외 부문을 거론하고 있다. 이들은 세계 각국의 경제적 협력이 밀접해지면서 각국의 경기 변동이 서로 높은 상관관계를 가진다고 보고, 그에 따라 경기 변동이 국제적으로 전파될 수 있다고 생각한다.

*실질 GDP : 물가 변동에 의한 생산액의 증감분을 제거한 GDP.

*총수요 : 국민 경제의 모든 경제 주체들이 소비, 투자 등의 목적으로 사려고 하는 재화와 용역의 합.

① 경제가 장기적으로 성장하는 국가에서도 실질 GDP가 단기적으로 하락하는 기간이 있을 수 있다.

② 민간 기업의 투자 지출 변화에서 오는 충격을 경기 변동의 주원인으로 보는 입장에서는 정부의 적절한 총수요 관리 정책을 통해 경기 변동을 억제할 수 있다고 본다.

③ 실물적 경기 변동 이론에서는 유가 상승이 생산 과정에서 쓰이는 에너지를 감소시켜서 생산량을 늘리는 실물적 요인으로 작용한다고 본다.

④ 실물적 경기 변동 이론에서는 대규모로 일어나는 경기 변동을 설명하기 어렵다는 점을 들어 화폐적 경기 변동이론을 비판한다.

⑤ 경제적 협력이 밀접한 두 국가 사이에서 한 국가의 경기 변동이 다른 국가의 경기 변동에 영향을 미칠 수 있다고 보는 입장이 있다.

정답 해설 실물적 경기 변동 이론에서 경기 변동의 주원인을 기술 혁신, 유가 상승과 같은 실물적 요인으로 설명한다고 하였다. 유가가 상승하면 기업은 생산 과정에서 에너지를 덜 쓰게 되므로 고용량과 생산량이 줄어든다. 따라서 유가 상승이 생산 과정에서 쓰이는 에너지를 감소시켜서 생산량을 늘리는 실물적 요인으로 작용한다고 본다는 진술은 적절하지 않다.

08 다음 글의 내용과 일치하지 않는 것은?

진화론이 흔히 일반 사회인의 관심이 되는 이유는 기독교적 창조론과 상호 이율배반적인 이론으로 인식되고 있기 때문일 것이다. 즉 진화론은 신에 의한 생명체의 창조를 신앙으로 하는 기독교의 교리와 상반된다고 생각하는 것이다. 독실한 기독교적 신앙 속에서 자란 다윈이 진화론을 발견하면서 그의 신앙을 포기해야 할 시련을 겪었던 일도 같은 맥락에서 이해할 수 있다.

그러나 생물학적 지식인 생물 진화와 종교적 신앙인 창조는 우리가 단순하게 생각하는 것처럼 상반된 주제가 아니라 상호 공존할 수 있는, 하나의 주제에 대한 관점의 차이에서 비롯된 것이라고 할 수 있다. 신에 의한 생명체의 창조는 과학의 대상이 될 수 없으며 과학적인 지식으로 증명할 성질의 것이 아니기 때문이다. 구약 성서의 창세기에 기록된 생물과 인간의 창조 이야기는 절대자인 하나님에 의한 창조의 역사적 사실을 우리에게 알려 주는 일이지, 창조의 과정을 '과학적으로 서술한 기록'은 아니다. 또한 생물학에서 말하는 진화는 자연계에서 일어나는 현상을 우리가 이해할 수 있는 지식으로 설명한 것에 불과하다.

하나님이 우주와 생물을 창조한 구체적인 과정이 현대 생물학에서 이해하고 있는 그러한 과정을 거쳐서 이루어진 것인지 아닌지 우리는 알 길이 없다. 그러나 분명한 것은 생물학이 이해하고 있는 것과 마찬가지 과정을 거쳐서 하나님이 생명체를 창조하였다고 해도, 그것이 창조가 아니라고 말할 수는 없다는 점이다. 그러한 논의가 성서적인가 아닌가 하는 문제는 신학적으로 검토해야 할 별개의 과제이다.

우리들이 진화론과 창조론이 서로 이율배반적이라고 생각하는 가장 큰 이유는 진화를 '우연'의 산물로 설명하려는 생물학적 생명관 때문이 아닐까 한다. 진화가 우연히 목적 없이 일어나는 것인지, 우리가 아는 과학적인 지식을 가지고 그것을 설명할 수는 없다. 생명체의 출현이 '창조에 의한 것인가, 진화에 의한 것인가' 하는 문제와 마찬가지로 '신에 의한 유목적적인 진화냐, 목적 없는 우연의 산물이냐' 하는 문제는 이미 과학의 영역 밖에 속한다. 따라서 이 논의에 대한 구체적인 해답은 과학이 아니라 각자가 지닌 신앙관에 의하여 다르게 나올 수밖에 없다.

우리는 이 주제에 대한 해답을 다음의 보기로 대신할 수 있다. 한 사람이 난치병에 걸려 죽게 되었는데 명의의 도움으로 생명을 건졌다고 할 때, 그가 종교인이었다면 열심히 기도하여 신의 구원을 빌었을 것이고 그 병의 나음이 신의 은총과 섭리 때문이라고 믿고 감사할 것이다. 그러나 만일 그가 무신론자라면 신이 고쳐 준 것이 아니라 현대 의학의 기술이 그 병을 낫게 하였다고 믿을 것이다. 물론 현대 과학은 이 두 생각의 옳고 그름을 판단할

정답 08 ⑤

위치에 있지 않다. 더욱이 신의 은총이 현대 의학이라는 수단을 통하여 표현되었다면, 우리는 이 두 관점을 서로 상반되는 것이 아니라 조화로운 것으로 이해할 수 있다.

다만 과학이 아는 것과 말할 수 있는 것은, 그 병을 치료할 때 실시한 각종 의술과 약이 어떤 생리적인 또는 물리 화학적인 반응을 거쳐서 병의 원인을 제거하고 건강을 회복할 수 있게 하였는지, 그 과정에 대한 설명을 인간의 지식이 미치는 범위 안에서 해 줄 수 있을 뿐이다. 진화론은 이와 같은 의미에서 과학 그 이상 그 이하도 아닌, 우리들의 소중한 자산이다.

① 진화의 과정도 신의 계획의 일부일 수 있다.
② 진화론 자체는 진화의 이유를 설명하지 못한다.
③ 창조론의 진위는 과학적 분석의 대상이 될 수 없다.
④ 과학은 현상에 바탕을 두지만 신앙은 현상과 무관할 수 있다.
⑤ 생명체의 출현에 대한 종교적 기술과 과학적 기술은 상반된다.

정답해설 글쓴이는 종교적 기술과 과학적 기술은 상반된 것이 아니라 상호 공존할 수 있는, 하나의 주제에 대한 관점의 차이에서 비롯된 것이라고 한다. 따라서 생명체의 출현에 대해서도 글쓴이는 관점의 차이일 뿐이지 상반된 것이 아니라고 하였다.

09 다음 글의 내용과 일치하지 않는 것은?

회화 예술의 표현은 먼저 현실 생활에 대한 관찰과 인식에서 비롯된다. 그러므로 관찰 방법을 익히는 것은 그림을 공부하는 데 있어서 매우 중요한 과정이다. 화가에게 눈의 훈련은 음악가의 귀의 훈련과 같은 것으로, 표현 기법 역시 눈의 훈련에서 비롯되는 것이다.

동양화는 형상 기억의 관찰 방법을 강조한다. 형상 기억의 방법은 대상의 복잡함과 우연히 발생하는 잡다한 사항에 국한됨이 없이 자연스럽게 대상을 생동감 있게 표현할 수 있기 때문이다. 기억 속의 형상은 대상의 특징을 가장 잘 나타내는 부분들로, 화가의 머리 속에서 종합되고 개괄되어 복잡하고 미세한 부분들이 제거된 상태이다. 역대 화조화가들이 그렇게 화조(花鳥)의 자태를 훌륭히 표현해 내고, 풀과 벌레의 느낌을 잘 묘사할 수 있었던 것도 바로 대상을 떠나 그림을 그린 것과 관련이 있다. 만약 새나 벌레들을 정물처럼 앞에 놓고 그렸다면 빛에 의한 명암이나 형태 등은 털 하나의 착오도 없이 그려낼 수 있을지 모르나 진정 생동하는 작품을 그려낼 수 없었을 것이다.

형상 기억에 의한 관찰 방법을 쓰면 대상을 더욱 생동감 있게, 화가의 주관을 자유롭게 표현할 수 있다. 화가가 일상생활 중의 각종 아름다운 인상과 감정을 머리 속에 기억한 후 다시 이를 표현해 낼 때는 그의 이상과 희망이 첨가될 수밖에 없다. 중국 현대 화가이자 회화 이론가인 황빈홍은 "사생에 의해서는 단지 산천(山川)의 골격만을 얻을 수 있다. 만약 산천의 기운을 얻고자 한다면 눈을 감고 깊이 사색하여 그 정신을 정리하지 않으면 안 된다."라고 말하였다. 여기서의 정신이란 산천의 정신과 화가의 주관적인 느낌을 포괄하는 말이다. 전신(傳神)하면서도 사의(寫意)한 표현, 즉 모양을 그대로 그리지 않고 담겨 있는 뜻이 드러나게 그리는 것, 이것이 바로 동양화가들이 형상 기억에 의한 관찰 방법을 중시하는 이유이다.

물론 동양화에도 사생은 있다. 그러나 그 방법은 서양화의 사생 방법과 아주 큰 차이가 있다. 전통적인 동양의 사생 방법은 대상을 세세히 묘사하는 것이 아니라, 대상을 자세히 관찰한 후 대상을 떠나 기억에 의해 묵사(黙寫)하는 것이다. 경우에 따라 동양화가는 사물을 보고 밑그림을 그리기도 하지만 기억과 상상으로 그것을 보충한다. 그러므로 동양화의 사생 방법은 일종의 사생과 묵사를 함께 쓰는 방법이라 할 수 있다.

형상 기억에 의해 창작을 하는 것은 동양화의 동세(動勢)의 추구와 관련이 있다. 기(氣)의 이어짐, 세(勢)의 움직임은 돈황(敦惶) 벽화 중의 '비천(飛天)'을 예로 들어 설명할 수 있다. 이 벽화에 등장하는 인물들은 날개도 없고 구름도 타지 않았는데, 오로지 몸의 자태와 휘날림만으로 공중에서 춤추는 듯한 모습을 표현해낸다. 또 새들이 노래하고 춤을 추는 어떤 한 장면도 그 동세를 표현하지 않은 곳이 없다. 그렇기 때문에 동양화가들은 대상을 앞에 놓고 천천히 베끼는 것을 반대하고 순간에 발생하는 동세를 포착하여 시각 기억, 또는 형상 기억에 의해 표현할 것을 강조한다. 만약 형상 기억에 의한 방법이 없었다면 동양화라는 독특한 예술 양식은 생겨날 수 없었을 것이다.

① 동양화는 대상을 생동감 있게 표현한다.
② 동양화가들은 형상 기억에 의한 관찰 방법을 중시한다.
③ 동양의 전통적인 사생 방법을 쓰면 대상을 세세히 묘사할 수 있다.
④ 형상 기억에 의한 창작은 동양화가 동세를 추구하는 것과 관련이 있다.
⑤ 형상 기억의 관찰 방법을 쓰면 화가의 주관을 자유롭게 표현할 수 있다.

정답 09 ③

 대상을 세세히 묘사할 수 있는 사생 방법은 동양의 전통적인 사생 방법이 아니라, 서양화의 사생 방법이다.

10 다음 글의 내용과 일치하지 않는 것은?

자본주의 경제체제는 이익을 추구하는 인간의 욕구를 최대한 보장해 주고 있다. 기업 또한 이익 추구라는 목적에서 탄생하여, 생산의 주체로서 자본주의 체제의 핵심적 역할을 수행하고 있다. 곧, 이익은 기업가로 하여금 사업을 시작하게 된 동기가 된다.

이익에는 단기적으로 실현되는 이익과 장기간에 걸쳐 지속적으로 실현되는 이익이 있다. 기업이 장기적으로 존속, 성장하기 위해서는 단기 이익보다 장기 이익을 추구하는 것이 더 중요하다. 실제로 기업은 단기 이익의 극대화가 장기 이익의 극대화와 상충될 때에는 단기 이익을 과감하게 포기하기도 한다.

자본주의 초기에는 기업이 단기 이익과 장기 이익을 구별하여 추구할 필요가 없었다. 소자본끼리의 자유 경쟁 상태에서는 단기든 장기든 이익을 포기하는 순간에 경쟁에서 탈락하기 때문이다. 그에 따라 기업은 치열한 경쟁에서 살아남기 위해 주어진 자원을 최대한 효율적으로 활용하여 가장 저렴한 가격으로 상품을 공급하게 되었다. 이는 기업의 이익 추구가 결과적으로 사회 전체의 이익도 증진시켰다는 의미이다. 이 단계에서는 기업의 소유자가 곧 경영자였기 때문에, 기업의 목적은 자본가의 이익을 추구하는 것으로 집중되었다.

그러나 기업의 규모가 점차 커지고 경영 활동이 복잡해지면서 전문적인 경영 능력을 갖춘 경영자가 필요하게 되었다. 이에 따라 소유와 경영이 분리되어 경영의 효율성이 높아졌지만, 동시에 기업이 단기 이익과 장기 이익 사이에서 갈등을 겪게 되는 일도 발생하였다. 주주의 대리인으로 경영을 위임받은 전문 경영인은 기업의 장기적 전망보다 단기 이익에 치중하여 경영 능력을 과시하려는 경향이 있기 때문이다. 주주는 경영자의 이러한 비효율적 경영 활동을 감시함으로써 자신의 이익은 물론 기업의 장기 이익을 극대화하고자 하였다.

오늘날의 기업은 경제적 이익뿐 아니라 사회적 이익도 포함된 다원적인 목적을 추구하는 것이 일반적이다. 현대 사회가 어떠한 집단도 독점적 권력을 행사할 수 없는 다원사회로 변화했기 때문이다. 이는 많은 이해 집단이 기업에게 상당한 압력을 행사하기 시작했다는 것을 의미한다. 기업 활동과 직 · 간접적 이해관계에 있는 집단으로는 노동조합, 소비자 단체, 환경 단체, 지역 사회, 정부 등을 들 수 있다. 기업이 이러한 다원 사회의 구성원이 되어 장기적으로 생존하기 위해서는, 주주의 이익을 극대화하는 것은 물론 다양한 이해 집단들의 요구도 모두 만족시켜야 한다. 그래야만 기업의 장기 이익이 보장되기 때문이다.

① 기업은 자본주의 체제의 생산 주체이다.
② 기업은 단기적 손해를 감수하면 장기적 이익을 보장 받는다.
③ 자본주의 초기에도 기업은 사회 전체의 이익을 증진시켰다.
④ 전문 경영인에 대한 적절한 감시가 없으면 기업의 장기 이익이 감소할 수도 있다.
⑤ 현대 사회에서 기업은 직 · 간접적으로 관계되는 이해 집단을 모두 만족시켜야 한다.

정답 해설 둘째 문단에서 '기업은 단기 이익의 극대화가 장기 이익의 극대화와 상충될 때 단기 이익을 과감히 포기하기도 한다.'고 하였다. 그러나 이는 단기적 손해가 장기 이익을 보장한다는 것은 아니므로 ②는 글의 내용과 일치하지 않는다.

11 다음 글의 내용과 일치하지 않는 것은?

세계화는 인적 유동성의 증가, 커뮤니케이션의 향상, 무역과 자본 이동의 폭증 및 기술 개발의 결과이다. 세계화는 세계 경제의 지속적인 성장 특히 개발도상국의 경제발전에 새로운 기회를 열어주었다. 동시에 그것은 급격한 변화의 과정에서 개발도상국의 빈곤, 실업 및 사회적 분열, 환경 파괴 등의 문제를 야기하였다.

정치적인 면에서 세계화는 탈냉전 이후 군비 축소를 통해 국제적 · 지역적 협력을 도모하는 새로운 기회들을 제공하기도 하였다. 그러나 국제사회에서는 민족, 종교, 언어로 나뉜 분리주의가 팽배하여 민족 분규와 인종 청소 같은 사태들이 끊이지 않고 있다.

또한 세계화 과정에서 사람들은 정보 혁명을 통해 더 많은 정보를 갖고 여러 분야에서

직접 활동할 수 있게 되었다. 예를 들어 시민들은 인터넷이라는 매체를 통해 정부나 지방자치단체의 정책 결정 과정에 참여하게 되었다. 그러나 정보 혁명의 혜택에서 배제된 사람들은 더욱 심각한 정보 빈곤 상태에 빠져 더 큰 소외감을 갖게 되었다.

한편 세계화는 사상과 문화도 이동시킨다. 세계화로 인해 제3세계의 오랜 토착 문화와 전통이 손상되고 있음은 익히 알려진 사실이다. 그러나 이런 부정적인 측면만 있는 것은 아니다. 세계화는 기업 회계의 규범에서부터 경영 방식, 그리고 NGO들의 활동에 이르기까지 자신이 지나간 자리에 새로운 사상과 관습을 심고 있다.

이에 따라 대부분의 사회에서 자신들이 이러한 세계화의 수혜자가 될 것인가 아니면 피해자가 될 것인가 하는 문제가 주요 쟁점이 되고 있다. 세계화가 자신들의 사회에 아무런 기여도 하지 않은 채 그저 전통 문화만을 파괴해버리는 태풍이 될 것인지 혹은 불합리한 전통과 사회집단을 와해시키는 외부적 자극제로 작용하여 근대화를 향한 단초를 제공해 줄 것인지에 대한 논의가 한창 진행 중이다.

① 세계화는 민주주의의 질적 향상을 통해 국가의 의미를 강화하였다.

② 세계화는 개발도상국의 근대화를 촉진할 수도 있지만 전통문화를 훼손할 수도 있다.

③ 세계화는 정보의 빈익빈 부익부를 조장하여 정보 빈곤 상태에 빠진 사람들을 소외시켰다.

④ 세계화는 협력을 이끄는 힘이 되지만 다른 한편으로는 분열을 조장하는 위협이 되기도 한다.

⑤ 세계화는 세계 경제가 발전할 수 있는 기회를 주기도 했지만 경제 불안과 환경 파괴 같은 문제도 낳았다.

정답 해설 세계화는 민주주의의 질적 향상을 통해 국가의 의미를 강화하였다는 것은 제시문을 통해 알 수 없는 내용이다.

12 다음 글의 내용과 일치하는 것은?

우리는 모두 오류를 범하는 경향이 있으며, 국민이든 인간이라는 존재로 구성된 어떤 집단이든 이 점에서는 마찬가지이다. 내가 국민이 그 정부를 제거할 수 있어야 한다는 이념을 지지하는 이유는 단 한가지이다. 독재정권을 피하는 데 이보다 더 좋은 길을 나는 알지 못하기 때문이다. 국민 법정(popular tribunal)으로서 이해되는 민주주의 – 내가 지지하는 민주주의 – 조차도 결코 오류가 없을 수는 없다. 윈스턴 처칠이 반어적으로 표현한 익살은 이런 사태에 꼭 들어맞는다.

'민주주의는 최악의 정부형태이다. 물론 다른 모든 정부의 형태를 제외하고'

여기서 잠깐 정리를 하면, 국민주권주의로서의 민주주의의 이념과 국민의 심판대로서의 민주주의, 또는 제거할 수 없는 정부(다시 말해서, 독재정권)를 피하는 수단으로서의 민주주의의 이념 사이에는 단순히 언어적인 차이만이 있는 것이 아니다. 그 차이는 실제적으로 커다란 함의를 갖는다.

이를테면, 스위스에서도 그것은 매우 중요하다. 교육체계에서 초등학교와 중 · 고등학교에서는 독재정권을 피할 필요성을 주장하는 좀 더 신중하고 현실적인 이론 대신에 해롭고 이데올로기적인 국민주권이론을 찬양하고 있는 것으로 안다. 나는 독재정권은 참을 수 없고 도덕적으로 옹호될 수 없는 것으로 여긴다.

① 국민주권이론에 비해 민주주의에 오류가 더 많다.

② 민주주의는 이념이 아닌, 현실의 시각에서 볼 때 최악의 정부 형태이다.

③ 민주주의는 독재정권을 방지하는 데 가장 큰 의미를 갖는다.

④ 민주주의 이념 아래에서 국민들은 가장 합리적인 선택을 할 수 있다.

⑤ 국민주권으로서의 민주주의 이념과 국민의 심판대로서의 민주주의의 이념의 차이는 현실적으로 매우 구분하기가 어렵다.

정답 해설

③ 제시문에 언급된 '국민이 그 정부를 제거할 수 있어야 한다는 이념'은 민주주의를 뜻하며, 필자는 독재정권을 피하는 데 이보다 더 좋은 길을 알지 못한다고 했다.

④ 어떤 집단이든 오류를 범하는 경향이 있으며 민주주의도 결코 오류가 없을 수는 없다.

⑤ 국민주권으로서의 민주주의 이념과 국민의 심판대로서의 민주주의의 이념의 차이는 실제적으로 커다란 함의를 갖는다.

정답 12 ③

13 다음 글의 내용과 일치하는 것은?

자유주의적 헌정주의는 기본적으로 시민의 자연권이나 인권을 가장 중요한 것으로 보고, 그것을 보호하고 최대화하는 것을 국가의 존재 이유로 규정한다. 근대적 의미의 국민국가가 등장함으로써, 고대 폴리스의 운영에 적극적으로 참여하여 공민적 미덕을 추구하는 시민의 이미지가 다양한 권리 담지자의 이미지로, 그리고 점차적으로는 재산 공유자의 이미지로 변화하였다. 정치적 동물인 시민, 즉 공민이 경제적 동물인 시민으로 재규정된 것이다. 이러한 의미의 근대적 시민 개념을 통해 시민과 공동체와의 유기적인 결합이 배제되고, 공동체는 사적 활동에 대한 다양한 위협 요인들을 제거하기 위한 수단이 된다. 따라서 가장 중요한 문제는 시민 모두가 따라야 할 공동선을 모색하는 것이 아니다. 중요한 것은 시민의 권리를 보호하기 위한 보편적인 원리나 제도를 구성하는 것이다. 물론 그렇다고 해서 개인의 권리는 결코 제한할 수 없다는 것은 아니지만 기본적으로 권리가 선에 우선한다.

권리가 선에 우선한다는 점에서 보면, 도덕철학은 무엇이 선인가를 찾기보다는 권리를 보호하기 위한 원리가 무엇인가를 찾는 것에 중점을 둔다. 따라서 궁극적인 선을 제시하고 그것을 추구하기 위한 미덕의 실행을 촉구하는 것은 무의미하다. 대신 다양한 권리를 평등하게 가지고 있는 개인들이 불만 없이 동의할 수 있는 원리를 만들어 따르도록 하는 것이 중요하다.

공동체의 운영에 참여해서 공동체의 우선적 가치를 결정하고, 그것을 추구하기 위한 덕을 모색하며, 그것을 실행에 옮기는 과정에서 볼 수 있는 공동체와 개인의 유기적 결합은 자유주의적 시민에게서는 발견하기 어렵다. 이렇게 보면 다양한 이해관계의 조정만이 공적인 문제로 규정된다. 그 결과는 도덕적 다원주의이다. 도덕적 다원주의에서 볼 때 도덕의 문제를 공론화하는 것은 어리석으며, 단지 해소할 수 없는 서로의 의견을 지속적으로 내던지는 것에 불과하다.

① 자유주의적 헌정주의 아래에서 시민들은 가치의 문제를 해결할 수 있는 공론의 장을 형성하는 데 노력하여야 한다.

② 자유주의적 헌정주의 아래에서 개인은 공동선의 문제를 적극적으로 제기할 필요가 있다.

③ 자유주의적 헌정주의 아래에서는 공동에 이익이 된다는 이유로 개인의 이익을 제한할 수 없다.

④ 자유주의적 헌정주의 아래에서 공정 영역은 선이나 도덕의 문제가 아닌 이해관계의 조정을 주된 과제로 삼는다.

⑤ 절대적 도덕기준은 존재하지 않으므로 자유주의적 헌정주의 아래에서 공동체의 원칙을 준수하는 것은 중요하지 않다.

정답 해설 ④ 자유주의적 헌정주의 아래에서는 다양한 이해관계의 조정만이 공적인 문제로 규정된다.
① 자유주의적 헌정주의 하에서의 시민은 사적 권리를 중시하므로 공론의 장을 형성하는 것과는 거리가 멀다.
⑤ 절대적 도덕기준의 유무는 예문에 언급되지 않았다.

14 다음 글의 내용과 일치하는 것은?

오늘날의 국가에 대한 관념을 전근대에 투영하는 데 대해서는 심각한 비판들이 있었다. 예를 들면 국민국가 이전에는 '국경'은 없었고 '경계'만이 있었으며, 그 경계 내의 유일한 주권자인 왕과 나머지 신민의 관계에서 종족 · 문화 그리고 언어의 차이는 문제가 되지 않았다는 점, 민족주의가 대두하면서 민족을 단위로 해서 국가의 경계 곧 국경을 정하자는 주장이 나타났다는 점을 들어 고대사나 중세사를 민족 중심의 역사로 보지 말아야 한다고 주장하는 경우도 있었다.

하지만 우리의 전근대 국가와 사회에 대한 민족주의적 접근이 부당한 것은 아니라고 생각한다. 조선시대의 국가는 확정된 국경 위에서 단일한 종족, 단일한 언어를 바탕으로 전국토의 인민들에 대해 고도의 통합력을 행사하고 있었으며, 이것은 근대 이후에 경험하고 지향하게 되는 '민족'과 '국가'에 절대적인 기반이 되었다. 우리 전근대의 '국가'와 '민족체' 포스트모더니즘 논자들은 그동안의 한국사 연구가 유럽의 역사적 경험을 보편으로 삼는 서구중심주의에서 벗어나지 못했다고 비판해왔다. 그러한 비판은 오히려 전근대 이전의 역사에 대해 민족주의적 관점을 투영하는 것을 부정하는 논자들에게 되돌려야 하리라고 생각한다. 그들이 우리 전근대 역사에서 없었다고 설명하는 '국가'와 '민족'이야말로 서구의 역사 경험을 바탕으로 한 근대민족, 국민국가인 것이다. 적어도 조선시대에는 서구의 역사적 경험으로는 설명할 수 없는, 근대 민족국가로 이어지는 국가와 민족체가 분명히 존재했다. 오늘날의 민족과 국가를 과거에 투영하여 우리 역사를 설명해서는 결코 안 되지만, 과거와 현재를 연결시켜야 하는 역사학의 과제에 비추어 볼 때 조선시대 국가와 민족체의 실상에 대한 탐구는 더욱 절실해진다.

① 조선시대를 민족주의적 관점에서 이해할 수 없다는 주장은 서구 역사 경험에 입각한 것으로 동의할 수 없다.

② 포스트모더니즘 논자들은 전근대 이전의 역사에 대해 민족주의적 관점을 투영하는 것을 부정하는 논자들을 비판해 왔다.

③ 조선은 민족주의가 대두하면서 민족을 단위로 한 국경이 확정된 국가체제였다는 점에서 국경은 없고 경계만 있던 서구의 전근대 국가와는 달랐다.

④ 전근대사를 민족주의적으로 접근해서는 안 된다는 주장은 한국의 경우 오늘날의 민족이 전근대에 이미 형성되었기 때문에 서구중심주의적 역사관에 지나지 않는다.

⑤ 조선시대의 국가는 계층적 · 지역적 차별의 존재로 인하여 인민에 대한 통합력을 행사하는 데 실패했다.

② 포스트모더니즘 논자들은 그동안의 한국사 연구가 유럽의 역사적 경험을 보편으로 삼는 서구중심주의에서 벗어나지 못했다고 비판해 왔다.

③ · ④ 지문과 일치하지 않는다.

⑤ 조선시대의 국가는 확정된 국경 위에서 단일한 종족, 단일한 언어를 바탕으로 전 국토의 인민들에 대해 고도의 통합력을 행사하고 있었다.

15 다음 글의 내용과 일치하는 것은?

인공 강우(Artificial Precipitation)란 구름층은 형성되어 있으나 대기 중에 응결핵 또는 빙정핵이 적어 구름방울이 빗방울로 성장하지 못할 때 인위적으로 인공의 '비씨'를 뿌려 특정 지역에 강수를 유도하는 것이다. 그러나 구름 한 점 없는 하늘에서 비를 내리게 할 수는 없으므로 인공 증우(Precipitation enhancement)란 말이 이론적으로 더 타당하지만 일반적으로 인공 강우란 용어를 사용하고 있다.

인공 강우 기술은 현재 세계 40여 개 국가에서 연구 또는 실용화 단계에 다다랐다. 인공 강우 기술이 실용화되면 매년 우리나라가 겪고 있는 고질적 가뭄을 해소하는 데 큰 도움이 될 수 있을 뿐 아니라 앞으로 이 기술을 응용하면 항공기 이·착륙에 장애가 되는 안개를 소산시키는 기술과 여름철 농작물에 막대한 피해를 주는 우박억제 등의 기상 조절 분야에까지 활용할 수 있는 효과를 얻을 수 있으리라 본다. 여기서는 의도적인 기상 조절로서의 인공 강우의 원리에 대해 간략히 소개하고자 한다.

지표면의 물이 햇빛을 받아 증발하여 수증기 상태로 공기 중에 유입되고, 그 공기가 상승 기류에 의해서 혹은 산맥 등의 지형에 의해서 강제적으로 수직 상승하게 된다. 이렇게 상승한 공기는 포화 상태에 이르게 되고, 이는 작은 불순물 입자를 중심으로 응결되어 작은 구름 입자를 형성하게 된다. 이런 구름 입자의 중심이 되는 작은 불순물을 응결핵(condensation nuclei)이라 한다. 이들 구름 입자의 평균 크기는 10–20ym 정도이며 대부분 그 크기가 너무 작아 빗방울로 지상에 낙하하지는 못한다. 대기 중 구름 입자는 주로 다음 두 가지 과정을 통해 빗방울로 전환되어 강우가 생성된다. 첫 번째가 빙정과정이고 두 번째가 충돌, 응집 과정이다. 작은 구름 입자는 대부분 0℃ 이하의 저온에서도 얼지 않고 물방울 상태로 존재하며 0℃ 이하의 이러한 물방울을 과냉각 물방울이라 한다. 대기 중에서 작은 구름 입자는 –40℃ 아래에서 균일 빙결에 의해 얼어서 얼음 입자가 된다.

균일 빙결에 의한 얼음 입자의 형성은 –40℃ 이하의 낮은 온도에서 가능하나 실제로 대기 중에는 빙정핵이 존재하여 0℃ 이하에서도 빙정핵을 중심으로 이질 빙결에 의해 수분이 응결하여 얼음 입자를 형성하게 된다. 공기 중에 많이 떠 있는 미세한 먼지와 같은 불순물들은 온도가 비교적 높을 때에는 응결핵으로 작용하다가도 온도가 훨씬 더 낮아지면 빙정핵으로 작용하기도 하고 또 어떤 물질의 불순물은 처음부터 빙정핵으로 활성화하기도 한다.

과냉각 물방울로 구성된 구름에 빙정핵이 투입되면 0℃ 이하 온도에서는 얼음 표면에 대한 포화수증기압이 물 표면에 대한 것보다 작아서 과냉각 물방울은 증발하고 그 대신 빙정은 빨리 성장하게 되는데, 이러한 효과로 빙정이 상대적으로 큰 구름 입자로 성장하게 된다. 성장한 입자는 자연 낙하하면서 다른 과냉각입자들과 충돌 병합하면서 급격하게 더욱 크게 성장하여 눈송이가 되어 지상에 떨어지거나 지상에 도달하기 전에 0℃ 이상의 대기층을 통과하여 녹으면서 빗방울이 되어 떨어진다.

두 번째 강우 형성의 과정은 0℃ 이상의 기온에서 구름 입자들 사이의 충돌 · 응집 과정에 의한 것이다. 온난 구름에서 빙정이 없어도 강수가 발생하는 것은 에어로솔 중 거대핵(특히 해염 입자) 주위에 수증기가 응집되면 물방울 자체가 처음부터 클 뿐 아니라 해염입자를 핵으로 한 물방울은 친수성 입자이기 때문에 수증기의 응결이 더 활성화되어 크게 성장한다. 이렇게 커진 물방울은 대기 난류를 통해 주위의 작은 물방울에 대해 상대 운동을 할 기회가 많아져서 작은 물방울과 충돌 · 응집 과정을 거쳐 물방울이 급속히 커져서 빗방울 크기가 되면 낙하하게 된다.

① 과냉각 물방울은 0℃ 이하에서 결빙된다.
② 인공강우는 현재 많은 나라에서 응용되어 사용되고 있다.
③ 균일 빙결도 빙정핵이 존재해야 얼음 입자가 된다.
④ 온난 구름으로 비를 만들 때에는 빙정핵이 있어야 한다.
⑤ 빙정 과정에 의해 만들어진 과냉각 입자는 눈송이나 빗방울이 되어 지상에 떨어진다.

정답 해설

① 과냉각 물방울은 0℃ 이하에서도 얼지 않은 상태로 존재한다.
② 인공강우는 현재 연구, 실용화 단계에 있다. 응용되어 사용되는 단계는 아니다.
③ 균일 빙결은 빙정핵 없이도 −40℃ 이하에서 얼음입자가 형성된다.
④ 온난 구름은 빙정핵이 없어도 해염입자 같은 거대핵을 중심으로 수증기가 응집되어 비를 만든다.

16 다음 글의 내용과 일치하는 것은?

사실적인 그림을 그리기 위해서는 우선 우리가 살아가는 현실을 화면에다 똑같이 옮겨 놓아야만 한다. 그런데 화면은 이차원의 평면이다. 원칙적으로 삼차원의 실제 공간을 이차원의 화면 위에 옮겨 놓기는 불가능하다. 현실을 화면에 옮기기 위해서는 어떤 장치가 필요한데, 그 장치가 바로 원근법이다.

원근법은 15세기 무렵부터 사용되기 시작하였다. 그렇다면 15세기 이전의 미술가들은 가까이 있는 것은 크게, 멀리 있는 것은 작게 그리는 방법을 몰랐다는 말인가? 꼭 그렇진 않다. 여기서의 원근법은 누구나 알고 있는 경험적인 원근법을 말하는 것이 아니다. 15세기의 원근법이란 수학적으로 계산된 공간의 재현 법칙이었다. 서기 79년 베수비우스 화산의 폭발로 매몰된 '신비의 집'이라는 폼페이의 벽화에서는 그리는 사람이 관찰한 결과를 토대로 앞에 있는 사람보다 뒤쪽에 멀리 있는 사람의 다리를 짧게 그리고 있다. 이는 공간감을 실감나게 표현하기 위해서 단축법을 사용한 결과이다. 단축법이란 깊이를 표현하기 위해서 멀리 있는 사물의 길이를 줄여서 표현하는 기법이다.

르네상스 미술의 최고 발명품인 원근법은 15세기 이탈리아 건축가며 조각가인 브루넬레스키에 의해 만들어졌다. 원근법을 이용하여 그림을 그린 최초의 화가는 마사치오였다. 그의 '헌금'이라는 작품을 보고 15세기 이탈리아의 피렌체 시민들은 깜짝 놀랐다. 그림이 너무 사실적으로 표현되었기 때문이다. 이 그림의 배경 공간은 '신비의 집'과 같이 밋밋하고 성격 없는 공간에서 수백 미터나 되는 깊이를 느꼈다. 원근법이 발명되고 나서야 비로소 미술가들은 현실과 똑같은 공간을 화면에 옮겨 놓을 수가 있었던 것이다.

그러나 원근법으로 그림을 그리는 일은 생각만큼 쉬운 일은 아니었다. 뒤러의 '원근법 연습'이라는 작품을 보면 르네상스 화가들이 어떻게 원근법을 이용하였으며 과거의 단축법과 어떻게 다른지를 알 수 있다. 화가와 모델 사이에는 격자무늬가 그려진 투명한 창이 있고 화가의 눈 밑에는 카메라의 파인더와 같은 조그만 구멍이 뚫린 기구가 놓여 있다. 화가는 한 눈을 감고 이 기구의 조그만 구멍을 통해 본 격자무늬의 창 너머에 있는 모델을 책상 위에 펼쳐 놓은 모눈종이에 옮겨 그린다. 화가는 그림이 다 끝날 때까지 눈을 움직여서는 안 되었다. 눈을 움직이면 보는 위치가 틀려져 원근법으로 맞지가 않기 때문이다. 르네상스 화가들은 뒤러와 같은 방법으로 현실 공간을 정확하게 화면에다 옮길 수가 있었다. 르네상스 화가들이 정물이나 풍경을 그리려면 어떻게 했을까? 간단하다. 정물을 그리려면 모델을 정물로 바꾸면 되고, 풍경화를 그리고 싶으면 투명한 창을 산이나 평야 쪽으로 바꾸어 놓으면 되었다.

정답 16 ①

우첼로 같은 화가는 원근법에 너무나 감동한 나머지 밤새도록 원근법을 실험했다고 한다. 그리고 15세기의 유명한 이탈리아의 건축가이며 미학자인 알베르티는 "원근법을 모르면 그림을 그리지도 말라."고 얘기할 정도였다. 실물과 똑같이 그림을 그리려 했던 르네상스 화가들에게 원근법은 무엇보다도 중요한 공간 표현의 수단이었다.

① 르네상스 시대의 화가들은 사실적인 공간 표현을 위해 원근법을 중요시했다.
② 마사치오의 '헌금'은 경험적인 원근법을 이용하여 그려진 최초의 작품이다.
③ 브루넬레스키는 단축법을 변형, 발전시켜 원근법을 만들어냈다.
④ 사물의 길이를 줄여서 표현하는 단축법은 15세기부터 사용되기 시작하였다.
⑤ 르네상스 시대 이전의 화가들은 현실의 공간을 정확하게 재현할 수 있다.

정답 해설 이 글의 마지막 문장에서 르네상스 시대의 화가들이 원근법을 사실적인 공간 표현의 수단으로 여기고 매우 중요시했다고 하였다.

소요시간		채점결과	
목표시간	24분	총 문항수	16문항
실제 소요시간	(　)분 (　)초	맞은 문항 수	(　　)문항
초과시간	(　)분 (　)초	틀린 문항 수	(　　)문항

기출유형분석

⏰ 문제풀이 시간 : 1분 30초

▶ 다음 글을 읽고 주제로 알맞은 것을 고르시오.

화이트(H. White)는 19세기의 역사 관련 저작들에서 역사가 어떤 방식으로 서술되어 있는지를 연구했다. 그는 특히 '이야기식 서술'에 주목했는데, 이것은 역사적 사건의 경과 과정이 의미를 지닐 수 있도록 서술하는 양식이다. 그는 역사적 서술의 타당성이 문학적 장르 내지는 예술적인 문체에 의해 결정된다고 보았다. 이러한 주장에 따르면 역사적 서술의 타당성은 결코 논증에 의해 결정되지 않는다. 왜냐하면 논증은 지나간 사태에 대한 모사로서의 역사적 진술의 '옳고 그름'을 사태 자체에 놓여 있는 기준에 의거해서 따지기 때문이다.

이야기식 서술을 통해 사건들은 서로 관련되면서 무정형적 역사의 흐름으로부터 벗어난다. 이를 통해 역사의 흐름은 발단 · 중간 · 결말로 인위적으로 구분되어 인식 가능한 전개 과정의 형태로 제시된다. 문학 이론적으로 이야기 하자면, 사건 경과에 부여되는 질서는 '구성(plot)' 이며 이야기식 서술을 만드는 방식은 '구성화(emplotment)' 이다. 이러한 방식을 통해 사건은 원래 가지고 있지 않던 발단 · 중간 · 결말이라는 성격을 부여받는다. 또 사건들은 일종의 전형에 따라 정돈되는데, 이러한 전형은 역사가의 문화적인 환경에 의해 미리 규정되어 있거나 경우에 따라서는 로맨스 · 희극 · 비극 · 풍자극과 같은 문학적 양식에 기초하고 있다.

따라서 이야기식 서술은 역사적 사건의 경과 과정에 특정한 문학적 형식을 부여할 뿐만 아니라 의미도 함께 부여한다. 우리는 이야기식 서술을 통해서야 비로소 이러한 역사적 사건의 경과 과정을 인식할 수 있게 된다는 말이다. 사건들 사이에서 만들어지는 관계는 사건들 자체에 내재하는 것이 아니다. 그것은 사건에 대해 사고하는 역사가의 머릿속에만 존재한다.

① 역사의 의미는 절대적인 것이 아니라 현재 시점에서 새롭게 규정되는 것이다.

② 역사가가 속한 문화적인 환경은 역사와 문학의 기술 내용과 방식을 규정한다.

③ 역사적 사건에서 객관적으로 드러나는 발단에서 결말까지의 일정한 과정을 서술하는 일이 역사가의 임무이다.

④ 이야기식 역사 서술은 문학적 서술 방식을 원용하여 역사적 사건의 경과 과정에 의미를 부여한다.

⑤ 이야기식 역사 서술이란 사건들 사이에 내재하는 인과적 연관을 찾아내는 작업이다.

정답해설 이야기식 서술은 역사적 사건의 경과 과정이 의미를 지닐 수 있도록 서술하는 양식이다. 또한, 역사의 흐름은 이야기식 서술을 통해 인식 가능한 전개 과정의 형태로 제시되는데, 이는 문학적 양식에 기초하고 있다.

정답 ④

[01~10] 다음 글을 읽고 주제로 알맞은 것을 고르시오.

총 문항 수 : 10문항 | 총 문제풀이 시간 : 12분 30초 | 문항당 문제풀이 시간 : 1분~1분 30초

01

대중예술에 대한 변호를 자청하는 지식인들도 있기는 하다. 그러나 그들의 문제점은 대개 대중예술이 지닌 미적 결점을 너무 쉽게 인정해 버린다는 점이다. 그들은 고급예술을 뒷받침하는 미학적 이데올로기와, 대중예술에 대한 고급예술 지지자들의 미적 비판을 무비판적으로 지지한다. 그러면서 대중예술 자체의 미적 타당성에 호소하는 것이 아니라 사회적 필요와 민주적 원리 같은 '정상참작'에 호소한다. 예를 들어 대중문화에 대한 강력한 옹호자인 하버트 갠스도 대중문화의 미적 빈곤함과 열등함은 인정한다. 창조적 혁신, 형식에 대한 실험, 심오한 사회적 · 정치적 · 철학적 질문들의 탐구, 여러 층위에서 이해할 수 있는 깊이 등을 가진 고급예술은 더 크고 더 지속적인 미적 만족을 제공하는 반면, 대중문화는 이러한 미적 특징을 결여하고 있다는 것이다. 그러나 자신들이 즐길 수 있는 유일한 문화적 산물인 대중문화를 선택한다는 이유로 하류계층을 비난할 수는 없다고 갠스는 주장한다. 왜냐하면 그들은 고급문화를 선택하는 데 필요한 사회 · 경제적 교육 기회를 가지고 있지 못하기 때문이다. 민주 사회는 그들에게 고급문화를 즐길 수 있는 적정한 교육과 여가를 제공하고 있지 못하므로, 그들의 실제적인 취미에 대한 욕구와 기준을 충족시켜 줄

수 있는 문화로서의 대중예술을 허용해야 한다고 갠스는 주장하였다.

이것은 대중문화는 더 나은 선택을 할 수 없는 사람들에게만 유효한 것이라는 결론을 이끌 뿐이다. 대중예술은 찬양의 대상이 아니라 모든 사람이 더 높은 취향의 문화를 선택할 수 있는 충분한 교육적 자원이 제공될 때까지만 관대히 다루어져야 하는 대상이 되는 셈이다. 대중예술에 대한 이러한 사회적 변호는 진정한 옹호를 침해한다. 대중예술에 대한 옹호는 미적인 변호를 필요로 하는 것이다. 그러나 그러한 옹호가 쉽지 않은 또 하나의 이유가 있다. 우리는 고급예술로는 천재의 유명한 작품만을 생각하는 반면, 대중예술의 예로는 대중예술 중에서도 가장 평범하고 규격화된 것들을 생각한다는 점이다. 하지만 불행히도 미적으로 평범한, 심지어는 나쁜 고급예술도 많다. 고급예술에 대한 가장 열성적인 옹호자조차도 이 점은 인정할 것이다. 모든 고급예술이 흠 없는 명작들이 아니듯, 모든 대중예술이 미적 기준이 전혀 발휘되지 못한 몰취미하고 획일적인 산물인 것도 아니다. 이 두 예술 모두에서 성공과 실패의 미적 차이는 존재하며 또 필요하다.

① 대중예술과 고급예술의 구분 자체가 고급예술 옹호자들의 편견일 수 있다.
② 미적인 변호를 통한 대중예술의 옹호는 쉽지 않다.
③ 대중예술이 열등하다는 인식을 극복하기 위해 그것의 미적 특징을 밝히는 데 힘써야 한다.
④ 미적 결점에도 불구하고 대중예술이 존재하는 이유는 향유 계층의 교육 수준과 소득 수준 때문이다.
⑤ 대중예술의 미적 가치에 대한 옹호가 대중예술의 진정한 옹호이다.

정답 해설 필자는 갠스의 주장을 예로 들어 대중예술에 대한 이러한 사회적 변호는 진정한 옹호를 침해한다고 했으며, 대중예술에 대한 옹호는 미적인 변호를 필요로 한다고 주장하고 있다.

정답 01 ⑤

02

'동조(同調)'는 다른 사람의 주장에 자기의 의견을 일치시키는 것을 말하는데, 다른 사람들과 의견이 다를 경우 사람들이 불안함을 느끼는 것은 이러한 동조 현상을 바탕으로 한 감정이다.

'집단 따돌림'은 동조현상의 대표적인 유형이라고 할 수 있다. 따돌림은 비슷한 또래의 집단규범 및 관습이 유사한 구성원들 사이에서 이루어진다. 또한 그 집단 안에서 따돌림의 대상은 돌아가면서, 무차별적으로 이루어진다. 따라서 따돌림에 동조하지 않아도 함께 하지 않으면 자신이 따돌림을 받기 때문에 어쩔 수 없이 행하는 경우가 많다.

이러한 따돌림은 다른 사람들과의 다름을 인정하지 못하기 때문에 일어난다. 다른 사람의 개성을 '다름'으로 생각하고, 여럿이 함께 해야 한다는 대다수의 의견들이 모여 한 사람을 따돌리게 되는 것이다.

① 집단 따돌림의 원인과 해결 방안
② 동조현상에 기반을 둔 집단 따돌림
③ 동조현상의 다양한 유형
④ 집단 따돌림의 문제점
⑤ 집단 따돌림이 사회에 미치는 영향

정답 해설 제시된 글은 동조현상을 바탕으로 한 대표적인 유형인 집단 따돌림에 관해 설명하고 있다. 집단 따돌림은 결국 다른 사람들의 개성 등을 인정하지 못하거나 받아들이지 못하는 사람들이 만들어낸 동조현상의 극단적인 유형이라고 할 수 있다.

03

세계적인 마이크로크레디트 단체인 방글라데시의 '그라민은행'은 융자를 희망하는 최저 빈곤층 여성들을 대상으로 공동 대출 프로그램을 운영하고 있다. 이 프로그램은 다섯 명이 자발적으로 짝을 지어 대출을 신청하도록 해, 먼저 두 명에게 창업 자금을 제공한 후 이들이 매주 단위로 이루어지는 분할 상환 약속을 지키면 그 다음 두 사람에게 돈을 빌려 주고, 이들이 모두 상환에 성공하면 마지막 사람에게 대출을 해 주는 방식으로 운영된다. 이들이 소액의 대출금을 모두 갚으면 다음에는 더 많은 금액을 대출해 준다. 이런 방법으로 '그라민은행'은 99%의 높은 상환율을 달성할 수 있었고, 장기 융자 대상자 중 42%가 빈곤선에서 벗어난 것으로 알려졌다.

마이크로크레디트는 아무리 작은 사업이라도 자기 사업을 벌일 인적 · 물적 자본의 확보가 자활의 핵심 요건이라고 본다. 한국에서 이러한 활동을 펼치는 '사회연대은행'이 대출뿐 아니라 사업에 필요한 지식과 경영상의 조언을 제공하는 데 주력하는 것도 이와 관련이 깊다. 이들 단체의 실험은 금융 공공성이라는 가치가 충분히 현실화될 수 있으며, 이를 위해서는 사람들의 행동과 성과에 실질적인 영향을 미칠 유효한 수단을 확보하는 일이 관건임을 입증한 대표적인 사례라고 할 수 있다.

① 자활의 핵심 요건으로서 자본 확보의 중요성
② 마이크로크레디트의 금융 공공성 실현
③ 그라민은행의 공동 대출 프로그램
④ 한국의 사회연대은행과 마이크로크레디트의 관계
⑤ 금융 공공성 실현을 위한 유효 수단 확보 방안

정답 해설 예문은 세계적인 마이크로크레디트 단체인 그라민은행의 사례를 통해 금융 공공성이라는 가치가 충분히 현실화될 수 있으며, 이를 위해서는 유효한 수단을 확보하는 일이 관건임을 입증하고 있다.

정답 02 ② | 03 ②

04

신분 상승은 문화를 통해서만 이루어진다. 그런데 문화는 오랜 시간의 학습을 통해서만 형성된다. 일례로 어릴 때부터 미술과 음악을 가까이 했던 사람만이 어른이 되어서도 미술과 음악을 즐길 수 있다. 현대사회에서 음악이나 미술은 더 이상 가난한 천재의 고통스러운 수고를 통해 얻어진 결실이 아니다. 그것은 이제 계급적인 사치재가 되었다. 불평등은 경제 분야에만 있는 것이 아니라, 오히려 문화 분야에서 더욱 두드러진다. 재벌 총수나 거리의 미화원이 똑같은 스테이크와 똑같은 김치찌개를 먹을 수는 있지만, 베르디의 음악을 즐기는 상류층의 취향을 하류층은 이해할 수 없다. 경제와 마찬가지로 문화에서도 사람들은 표면적으로는 평등하지만 실제적으로는 사회적 상황과 교육수준에 따라 천차만별이다. 결국 문화적 고귀함은 일부 계층에게만 존재한다. 그러므로 진정 사회적 평등을 이루고 싶다면 문화를 저변에 보급하는 교육에 관심을 기울여야 한다.

① 음악과 미술은 신분을 나타내는 중요한 요소이다.
② 사회적 평등을 위해서는 상류층의 취향을 가르치는 교육이 필요하다.
③ 진정한 사회적 평등을 이루려면 문화에 대한 저변 확대가 이루어져야 한다.
④ 어렸을 때부터 음악과 미술을 가까이 하는 문화 조기교육에 관심을 기울여야 한다.
⑤ 문화는 오랜 시간의 학습을 통해서 형성되는 것이므로 궁극적인 사회적 평등은 불가능하다.

정답 해설 제시문은 불평등이 경제적인 측면에서만이 아니라 문화적인 면에서도 존재하며, 특히 문화적인 면에서의 불평등은 쉽게 해결될 수 없다는 점에서 참된 사회적 평등을 이루기 위해서는 문화를 저변에 확대하는 교육이 필요하다고 주장한다. 필자의 궁극적인 주장은 마지막 문장에 잘 드러나 있다.

05

서로 공유하고 있는 이익의 영역이 확대되면 적국을 뚜렷이 가려내기가 어려워진다. 고도로 상호 작용하는 세계에서 한 국가의 적국은 동시에 그 국가의 협력국이 되기도 한다. 한 예로 구 소련 정부는 미국을 적국으로 다루는 데 있어서 양면성을 보였다. 그 이유는 구 소련이 미국을 무역 협력국이자 첨단 기술의 원천으로 필요로 했기 때문이다.

만일 중복되는 국가 이익의 영역이 계속 증가하게 되면 결국에 한 국가의 이익과 다른 국가의 이익이 같아질까? 그건 아니다. 고도로 상호 작용하는 세계에서 이익과 이익의 충돌은 사라지는 것이 아니다. 단지 수정되고 변형될 뿐이다. 이익이 자연스럽게 조화되는 일은 상호 의존과 진보된 기술로부터 나오지는 않을 것이다. 유토피아란 상호 작용 또는 기술 연속체를 한없이 따라가더라도 발견되는 것은 아니다. 공유된 이익의 영역이 확장될 수는 있겠지만, 가치와 우선순위의 차이와 중요한 상황적 차이 때문에 이익 갈등은 계속 존재하게 될 것이다.

① 주요 국가들 간의 상호 의존적 국가 이익은 미래에 빠른 속도로 증가할 것이다.
② 국가 간에 공유된 이익의 확장은 이익 갈등을 변화시키기는 하지만 완전히 소멸시키지는 못한다.
③ 국가 이익은 기술적 진보의 차이와 상호 작용의 한계를 고려할 때 궁극적으로는 실현 불가능할 것이다.
④ 세계 경제가 발전해 가면서 더 많은 상호 작용이 이루어지고 기술이 발전함에 따라 국가 이익들은 자연스럽게 조화된다.
⑤ 국가 이익이 보다 광범위하게 정의됨에 따라, 한 국가의 이익은 점차 다른 국가들이 넓혀 놓았던 이익과 충돌하게 될 것이다.

정답 해설 중복되는 국가 이익의 영역이 계속 증가하더라도, 고도로 상호 작용하는 세계에서 이익 갈등은 사라지는 것이 아니라 단지 수정되고 변형될 뿐이다.

정답 04 ③ | 05 ②

06

정보화 시대에는 천문학적 양의 정보가 생산되고 저장된다. 더구나 이러한 정보의 파장 효과는 이제 우리 삶의 대응 속도와 예측 능력을 엄청난 격차로 추월해 버렸다. 급격한 변동 속에 위험을 제어할 수 없는 상황에 빠져들면서 사람들의 불안감은 증폭되는 것이다. 또한 정보화가 진행될수록 우리가 삶에서 느끼는 허무감은 점점 짙어지고 있다. 정보를 광속으로 유통시키는 정보통신 기술의 시장 침입으로 시장은 상상할 수 없을 정도로 빠르게 변하고 있다. 이 변화의 물결은 전 삶의 영역이 시장화 되는 과정으로 나타나고 있다. 그 결과 존재하는 모든 것은 상품으로서만 가치를 지니며, 그 가치는 팔릴 때만 결정된다.

이러한 환경에서 존재자의 가치, 존재와 삶의 본질은 불필요하다. 전지구적으로 급변하는 시장 환경에 처한 삶이 근거할 수 있는 진리를 찾는 것은 허망하고 비효율적인 행위다. 그것은 변화에 순발력 있게 대응해야만 존재할 수 있는 현실의 구조를 외면하는 도태과정일 뿐이다. 이제 가치는 없고 가격만이 있을 뿐이다. 또 진리는 없고 순간적으로 검색 가능한 정보만 있을 뿐이다. 이처럼 오늘날 삶의 의미와 방향이 사회적 담론의 주체로서 가치를 상실했다면, 그리하여 결국 삶이 어떠한 진리와 근원에 대해서도 사색하지 않는 허무주의로 방치되고 있다면, 삶의 심연에 드리워진 원초적 허무의 불안은 방향 상실의 좌절 속에서 더욱 더 짙어지고 그 고통의 비명은 한층 더 증폭될 수밖에 없을 것이다.

① 정보화 시대에는 존재하는 모든 것이 상품으로서의 가치를 지닌다.
② 인간은 원초적인 불안으로부터 탈출하고자 노력하는 존재이다.
③ 인간의 불안감의 원천은 본질적 가치의 상품화에 따른 삶의 방향 상실에 있다.
④ 급격한 정보통신의 발전은 인간 존재의 우울을 마비시킬 수 있는 구원의 기술이다.
⑤ 정보통신 기술이 만들어내는 가상공간 속에서 인간은 자아가 해체될 위험에 놓여 있다.

정답 해설 제시문에서는 정보화 시대의 특징 중 하나인 '삶의 전 영역의 시장화'에 대해서 언급하고 있다. 정보통신 기술의 시장 침입으로 시장은 빠르게 변화하고 있으며, 존재하는 모든 것이 상품으로서의 가치를 지닌다. 이에 따라 인간 존재의 진리를 탐구하는 일은 허무하고 비효율적인 행위가 되었다. 정보화가 진행될수록 인간의 허무감이 짙어지고 불안감이 증폭되는 이유가 바로 여기에 있다.

07

진화론자는 어떠한 한 종에 대해 과거의 진화적 내용을 증명하거나 앞으로의 진화를 예견할 수 없고 단지 어떤 사실을 해석하거나 이에 대하여 이야기를 만들 뿐이다. 왜냐하면 과거 일회성의 사건은 반복되거나 실험적으로 검증할 수 없고 예견은 검증된 사실로부터 가능하기 때문이다. 이러한 관점에서 보면 진화론자와 역사학자는 닮은 점이 있다. 그러나 진화론자는 역사학자보다는 상당히 많은 과학적 이점을 가지고 있다. 즉, 상호 연관성을 가진 생물학적 법칙, 객관적 증거인 상동 기관, 일반적인 과학의 법칙 등으로부터 체계를 세울 수 있다. 상동 기관은 다양한 생물이 전혀 별개로 형성되었다기보다는 하나의 조상으로부터 출발하였다는 가설을 뒷받침하는 좋은 증거이기 때문이다. 진화론은 생물의 속성에 대해 일반적으로 예견할 수 있지만, 아직까지 진화론에는 물리학에 견줄 수 있는 법칙이 정립되어 있지 않다. 이것은 진화론이 해결할 수 없는 본질적인 특성에 기인한다.

① 진화론은 생물의 속성에 대해 일반적으로 예견할 수 있으므로, 과학으로서 인정을 받기 위해서는 법칙의 정립이 시급하다.
② 진화론이 법칙의 체계가 되기 위해서는 역사학과의 상호 연관성을 배제해야 한다.
③ 진화론은 인문 과학의 속성과 자연 과학의 속성을 모두 지니고 있다.
④ 진화론은 어떠한 한 종에 대한 과거의 진화적 사실을 검증함으로써 진화 현상에 대한 예측을 가능하게 한다.
⑤ 진화론은 객관적 증거들을 이용하여 생명 현상의 법칙을 세운다.

정답 해설 진화론자와 역사학자의 닮은 점을 설명하고 진화론자가 역사학자에 비해 가지는 과학적 이점을 설명하는 글로서, 전반부에서는 진화론의 인문 과학적인 속성을, 후반부에서는 진화론의 자연 과학적 속성을 설명하고 있다.

08

말은 그 겨레의 삶의 역사 속에서 자라난, 정신적인 깊이를 간직하고 있을 뿐만 아니라 미래를 형성할 수 있는 가능성을 열어준다. 말은 그 자체가 고정적인 하나의 의미를 가진 것이 아니고 사용하는 데 따라서 새로운 의미를 갖게 된다. 또한 철학적인 의미를 표현하는 말들도 곧 통속적인 유행말로 굳어져 그 생동성과 깊이를 잃어버리고 의미가 변질될 수도 있다. 그러므로 철학자는 알맞은 말의 발견을 통해서 큰 즐거움을 맛보기도 하지만 말의 경화와 의미 상실을 통해서 큰 고통을 경험하기도 한다. 그런데 철학적인 표현뿐만 아니라 모든 언어생활에 있어서 이러한 경화와 의미 상실을 완전히 회피할 수는 없다는 데에 말의 숙명이 있다. 따라서 우리는 말을 중요하게 다루지 않을 수 없지만, 그것은 또한 언제나 이른바 '말장난'으로 타락할 수도 있다는 것을 알아야 한다. 이것을 막기 위해서 우리는 말을 위한 말에 관심을 가질 것이 아니라, 말을 통하지 않고는 드러날 수도 없고 파악될 수도 없는 현실, 그러나 또한 굳은 말의 틀 안에만 머물러 있을 수 없는 현실에 관심을 가지면서 말을 다루어야 한다.

① 오래되고 굳어진 말은 언어로서의 기능을 잃어버리게 된다.
② 말은 그 생동적 힘에 의해 철학적 의미가 거듭해서 밝혀지게 된다.
③ 철학적인 의미를 표현하는 말들은 그 생동성과 깊이를 잃어버리지 않는다.
④ 말은 현실을 묘사할 뿐만 아니라, 우리의 역사적인 삶을 창조하기도 한다.
⑤ 말의 창조적인 힘을 충분히 발휘시킬 수 있는 현실 안에서 말의 생동성을 살리는 것이 필요하다.

정답 해설 제시문은 말을 통해서만 드러나고 파악될 수 있는 현실, 틀 안에 머무르지 않는 현실에 관심을 가지고 말을 다루어야 말이 통속적으로 굳어버리거나, 의미가 변질 · 상실되는 것을 막을 수 있다고 주장하고 있다. 즉, 말이 생동감과 깊이를 잃지 않는 방안에 대해 언급하고 있음을 알 수 있다.

09

말이 생각의 그릇이라면 그 말을 아름답고 품위 있게 가꾸는 일은 인간의 행동을 바르게 가다듬는 교육의 첫걸음이다. 옛날 선조들이 말을 조심스럽게 가려 쓰는 것을 교육의 제 1과로 삼았던 것도 이 때문이다. 말이 거친 사람의 품성이 포악스럽고, 말을 가려 쓰는 사람의 행동거지가 분명하고 반듯한 것은 동서양을 막론한 고금의 진리이다.

5천 년 역사의 문화 민족이라는 긍지는 고유한 우리말과 이 말을 과학적으로 옮길 수 있는 문자를 가졌다는 자부심과 같은 맥락의 표현이다. 중국이나 만주, 일본 등 강성한 이웃 나라들 틈새에서 우리가 정치적 독립과 고유한 문화를 지키며 살 수 있었던 것은 우리의 말과 글의 힘이 밑받침이 되어 왔기 때문이란 주장은 과장이 아니다. 말이란 그 사회 공동체가 동질성을 가지게 하는 원천이다.

이러한 소중한 우리말 우리글은 예사로이 유지되고 발전되는 것이 아니다. 세종대왕의 한글 창제는 말할 나위 없고 구한말 이래 나라가 존망의 위기에 처했을 때 말과 글을 지키기 위한 선각자들의 피나는 노력은 민족 수난의 극복이라는 투쟁의 한 단원으로 기록되어 있다. 일제 강점 때 조선어학회 사건으로 이희승, 최현배 등 수많은 학자들이 옥고를 치르고 이윤재, 한징 등이 옥사한 예는 다른 나라 역사에서는 찾기 어려운 우리의 자랑스러운 언어 수호 운동의 기록이다.

올해 문화의 달 10월에 '이 달의 문화 인물'로 환산 이윤재를 뽑은 것은 시사하는 바가 크다. 오늘날 우리 국민들의 나태하고 방만한 생활 중에는 언어생활의 규범이 깨어져 고운 말, 존댓말과 바른 어법이 실종된 현상을 첫손가락으로 꼽아야 한다. 외래어, 비속어가 남용되는가 하면 학교, 가정, 사회 어디서나 제대로 된 존댓말이나 바른 어법의 품위 있는 말솜씨를 찾아보기 어렵다. 이런 혼돈의 언어생활이 국민 정서를 거칠게 하고, 특히 청소년들의 분별없고 경망스런 행동을 부추기는 원인이 된다.

더욱이 우리는 최근 자주 대하게 되는 북한 주민들이나 연변 동포의 말이 같은 우리말이면서도 심한 이질감을 느끼게 되는 데에 놀라고 있다. 북한은 오래 전부터 평양말을 문화어라 해서 표준말로 쓰고 있으며, 연변 동포들이 이를 따라 썼기 때문이다. 전체주의 체제가 언어의 경직화, 규격화를 가져왔고 그로 인해 그들의 말이 더욱 이질화되었던 것이다. 이런 상태로 통일이 이루어진다면 가장 심각한 남북간의 갈등은 바로 언어의 이질화일 가능성도 배제할 수 없다.

문화의 달에 특히 우리가 새겨야 할 것은 우리말 우리글을 소중하게 생각하고 이를 지키기 위해 애쓴 선열들의 노고에 감사하는 일이다. 그것은 가정, 학교, 사회에서 바르고 품

1DAY 2DAY 3DAY

정답 08 ⑤ | 09 ④

위 있는 언어생활을 가르쳐 온 국민들이 프랑스 국민처럼 우리말에 대한 자랑과 긍지를 갖게 하는 일이 될 것이다. 후세 국민들을 지혜롭고 예절 바르게 키우고 민족 통일을 대비하는 첫째 과제가 바른말 쓰기 운동의 시작임을 한글날을 기해 감히 제언한다.

① 고유한 언어와 문자를 가진 민족은 문화 민족이다.
② 우리말을 수호하기 위해 많은 선각자들이 희생되었다.
③ 통일에 대비하여 언어의 이질화를 막기 위한 노력이 필요하다.
④ 통일에 대비하고 후세를 바르게 키우려면 바른말 쓰기부터 가르쳐야 한다.
⑤ 국제적으로 어려운 시기에 우리말 우리글에 대한 자긍은 크나큰 힘이 된다.

이 글의 핵심은 바른말 쓰기 운동의 제언이다. 바른말 쓰기 운동을 제언하는 것은 혼돈된 언어생활을 바로잡고 남북 언어의 이질화를 최소화해 통일에 대비하기 위해서이다.

10

터치스크린(touch screen)이란, 키보드나 마우스를 사용하지 않고 스크린에 나타난 문자나 특정 위치에 사람의 손가락이나 펜 등을 터치하는 것만으로 입력 기능이 수행되는 스크린을 말한다. 따라서 터치스크린은 컴퓨터에 익숙하지 않은 사람들이나 노인들도 쉽게 컴퓨터를 사용할 수 있고, 사용자가 스크린 위에 명확히 한정된 메뉴에서 원하는 작업을 선정하므로 사용자의 오류를 제거한다는 장점이 있다.

일반적으로 터치스크린은 일반 스크린 위에 터치패널(touch panel)이라는 투명 플라스틱판이 하나 더 붙어 있는 구조로 되어 있다. 스크린과 터치패널 사이에는 일정한 전류가 흐르거나 압력을 인식하는 센서가 설치되는데, 사용자가 터치패널을 장착한 스크린에 미리 나타낸 문자나 그림 정보를 선택하면 바로 그 지점을 컴퓨터가 인식하게 된다. 이 위치의 정보가 컴퓨터에 일종의 명령어로 입력되어 특정 프로그램이 실행되는 것이다.

스크린 표면에 가해지는 압력에 반응하는 방식의 터치스크린을 감압식 터치스크린이라고 한다. 이 감압식 터치스크린의 경우 스크린 판이 2개 이상으로 이루어져 있고, 판 사이에 공기나 특수 액체를 주입하게 된다. 표면을 볼펜 등 뾰족한 것으로 누를 때 두 층이 붙어 반응하게 되는 것이 기본 원리이다. 비교적 부드러운 필름 재질을 사용하여 압력을 가할 때 그 부분이 눌러지게 되고 그 지점의 좌표를 컴퓨터가 인식하는 것이다. 감압식 터치스크린은 비교적 저렴하고, 전용 펜으로 필기하는 것도 가능하며, 작은 칸에도 글을 쓸 수 있을 정도로 정확한 터치가 가능하다는 장점이 있다. 그러나 압력을 이용한 방식이기 때문에 정전식에 비해 반응이 빠르지 않으며, 터치하는 영역이 넓으면 인식할 수 없고 좁은 면적을 터치해야 정확하게 인식할 수 있다는 한계도 있다. 지나치게 세게 누르면 인식이 되지 않거나 스크린이 파손될 염려도 있다. 이러한 문제 때문에 소형 화면의 감압식 터치스크린 기술을 적용한 제품에는, 볼펜과 비슷하지만 끝 부분이 둥글고 부드럽게 처리된 전용 펜이 제공되어 스크린의 손상을 막는다.

압력에 반응하는 감압식과 달리, 전류의 변화를 인식하여 반응하는 정전식 터치스크린이 있다. 정전식 터치스크린의 스크린은 전도성이 높은 유리로 구성되어 있다. 유리의 네 모서리에 센서가 부착되며 유리 표면은 전류가 흐르는 상태가 된다. 손가락을 화면에 댄 순간 유리에 흐르던 전류가 변화를 일으키게 되는데, 이는 사람의 몸에 미세한 전류가 흐르기 때문이다. 이때 변화가 일어난 위치를 센서가 감지하여 동작하게 되는 것이 정전식 터치스크린의 기본 원리이다. 정전식 터치 방식은 온도 변화에도 별 영향을 받지 않으며, 감압식과 달리 여러 군데를 동시에 인식할 수 있는 '멀티터치(multi-touch)'가 가능하다. 가벼운 터치만으로 작동하기 때문에 감압식에 비해 비교적 조작감이 부드럽다. 그러나 전류의 변화량을 이용하여 조작하는 방식이기 때문에 전용 펜을 제외한 전류가 통하지 않는 펜이나 손톱 등으로는 조작이 되지 않으며, 센서가 민감하기 때문에 전류의 흐름이 강한 주변 기기의 영향을 받을 수도 있다.

① 터치스크린의 작동 방식과 종류

② 터치스크린의 정의와 특성

③ 터치스크린의 기술과 적용

④ 터치스크린의 필요성과 한계

⑤ 터치스크린 활용의 시대적 의의

정답 해설 윗글은 '터치스크린'을 작동 방식에 따라 감압식과 정전식으로 나누어, 그 각각의 특징과 작동 원리에 따라 장단점을 비교하여 설명하는 글이다. 따라서 글의 주제로 가장 적절한 것은 '터치스크린의 작동 방식과 종류'이다.

정답 10 ①

기출유형분석

문제풀이 시간 : 1분 45초

▶ 다음 글의 전개 순서로 적절한 것은?

(가) 수업을 듣는 학생의 경우를 생각해 보자. 학생의 눈에는 앞에 앉아 있는 친구나 벽, 그리고 선생님 등이 모두 자극이 될 것이다. 그러나 학생이 모든 자극을 지각한다면 결과적으로 선생님에게 집중하지 못해 수업을 제대로 받을 수 없다. 수업에 참여하려면, 즉 자극을 의미 있는 것으로 받아들이기 위해서는 선생님을 주위의 다른 사물과 분리해야 한다. 여기서 '선생님'처럼 집중되는 자극을 '전경(前景)'이라 하고 그 외의 자극을 '배경(背景)'이라 한다면, 전경과 배경이 분리되어야만 자극이 의미 있게 되는 것이다. 전경이 대개 작고 응집적이라면, 배경은 좀 더 크고 흐트러져 있어 응집적으로 지각되지 않는다. 이 같은 전경과 배경의 속성들이 상호 작용하면서 그 경계가 뚜렷해져 전경과 배경이 분리된다. 이렇게 전경과 배경을 분리해서 자극을 의미 있게 받아들이는 것을 '전경과 배경 분리의 원리'라 한다.

(나) 인간은 눈이라는 감각 기관을 사용하여 자극을 받아들이고, 그것을 바탕으로 지각(知覺)을 한다. 그러면 인간의 눈을 통해 들어온 자극이 가장 중요한가? 그러나 눈을 통해 들어온 자극 자체는 별로 중요하지 않다. 왜냐하면 인간은 특정한 자극만을 집중적으로 받아들일 뿐만 아니라 그 자극에 자신의 동기 · 경험 · 기대와 같은 내적 요인을 상호 작용시키면서 지각하기 때문이다. 자극은 이런 과정을 거치면서 의미 있는 지각이 되는 것이다. 그런데 특정 자극이 지각으로 받아들여지는 과정에는 '전경과 배경 분리의 원리'와 '지각 조직화의 원리'가 숨겨져 있다.

(다) 지각 조직화의 원리 중에서 근접성은 가까이 있는 자극들을 묶어 하나로 보려는 인간의 시각 체계이다. 인간의 시각 체계는 가까이 있는 것은 더 가까이, 멀리 있는 것은 더 멀리함으로써 경계를 좀 더 뚜렷하게 만든다. 유사성은 비슷한 자극들을 같은 대상의 구성 요소로 인식하여 하나로 묶어 그렇지 않은 것과 분리함으로써 자극을 응집하려는 경향이다. 연속성은 부드러운 연속이나 보기에 편한 형태로 자극을 조직화하려는 시각 체계이다. 이런 속성 때문에 인간은 가끔 어떤 사물에 들어 있는 세부적인 것들을 놓치기도 한다. 완결성은 단순하면서도 완전한 형태로 사물을 보려는 경향이다. 그래서 인간의 시각 체계는 사물에 있는 틈 혹은 가려진 부분을 보충하거나, 경우에 따라서는 없는 선조차 만들어내기도 한다.

(라) 사물에 대한 지각은 보이는 대상이 무엇이냐의 문제이기 이전에 그것을 어떻게 보느냐의 문제이다. 따라서 주어진 자극들은 응집성 있게 체계화되는 과정에서 의미 있는 어떤 형태로 만들어진다. 이런 속성 때문에 같은 자극들도 어떻게 체계화되느냐에 따라 사물의 형태가 다르게 보인다. 형태주의 심리학자들은 자극들을 체계화시키는 요소로 근접성, 유사성, 연속성, 완결성 등을 찾아냈는데, 이를 지각 조직화의 원리라고 한다. 인간은 이 원리로 대상을 하나의 의미 있는 모습으로 조직화하는 것이다. 이 작업은 무의식적이고도 순간적으로 수행되기 때문에 단순한 작업으로 오해하기 쉽지만 고도의 해석 과정을 거친 결과이다.

(마) 우리 사회가 고도로 정보화되면서 인간의 삶의 질과 관계된 문제들이 중요한 관심사로 떠오르고 있다. 이것은 인간과 관련된 지식이 점점 더 유용하게 사용될 것임을 의미하는 동시에, 우리 인간으로 하여금 자신에 대해 좀 더 세밀하게 이해할 필요성을 환기한다. 그런데 지각은 인간을 이해하는 가장 기초적인 영역으로, 지각 현상에 대한 연구 성과는 우리가 우리 자신을 좀 더 정교하고 체계적으로 이해하는 데 도움을 준다. 따라서 인간의 지각 현상을 연구하는 지각 심리학은 앞으로 상당히 중요한 분야가 될 것으로 기대된다.

① (가) – (나) – (라) – (마) – (다)
② (가) – (다) – (나) – (라) – (마)
③ (나) – (가) – (라) – (다) – (마)
④ (나) – (다) – (라) – (가) – (마)
⑤ (나) – (라) – (가) – (마) – (다)

(나) : 묻고 답하는 방식으로 독자의 주의를 환기한 것으로, 가장 앞에 나와야 한다.
(가) : 가정된 상황을 사례로 들면서 '전경과 배경 분리의 원리'를 설명하고 있다.
(라) : 앞 문단과 내용을 연결하면서 지각 조직화의 원리를 설명하고 있다.
(다) : 지각 조직화의 원리와 관련하여 용어의 개념을 구체적으로 설명함으로써 내용을 정확히 전달하고 있다.
(마) : 지각 심리학에 대한 전망을 제시하면서 글을 마무리하고 있다.

정답 ③

[01~02] 다음 글의 전개 순서로 적절한 것은?

총 문항 수 : 2문항 | 총 문제풀이 시간 : 3분 30초 | 문항당 문제풀이 시간 : 1분 45초

01

(가) 인간과 다른 동물을 구별 짓는 가장 중요한 특징은 무엇일까? 아마 대부분의 사람들은 언어라고 대답할 것이다. 동물들도 비록 그들 나름의 교신 체계를 가지고 있지만, 인간의 언어와 같은 의사소통 도구는 가지고 있지 못하다. 인간 이외의 동물 중에서 가장 높은 지능을 지닌 영장류에 해당하는 침팬지에게 언어를 가르쳐 보았지만, 인간들이 언어를 완벽하게 습득하는 것과는 전혀 비교가 되지 않았다. 그러나 인간으로 태어난 사람은 어린 시절 누구나 몇 년도 안 되어 자신의 모어(母語)를 유창하게 사용할 정도가 된다.

(나) 어린이의 언어 습득이 어떻게 이루어지는 것이냐 하는 것을 설명하려는 이론으로는 두 가지가 있다. 하나는 경험주의적인 이론이요, 또 하나는 합리주의적인 이론이다. 경험주의적인 입장에서 선 사람들은 어린이가 언어를 습득하는 것은 어떤 선천적 능력에 의한 것이 아니라, 경험적인 훈련에 의해서 오로지 후천적으로만 이루어지는 것이라고 한다. 어린이는 완전히 백지 상태에서 출발하여 반복 연습, 시행착오와 그 교정에 의해서 언어라는 하나의 습관을 형성한다는 것이다. 마치 자전거 타기나 수영하기와 같은 기술을 익히는 것과 같은 방식으로 숙달하는 것이라고 주장한다.

(다) 어린이들이 이처럼 짧은 기간에 성공적으로 언어를 습득하는 것은, 그 전제 조건으로서 말을 하고자 하는 본능과 함께 선천적으로 가지고 태어나는, 언어 구조에 대한 선험적 지식이 있다는 것을 가정하지 않을 수 없게 된다. 일반 언어 구조에 대한 청사진이 있음으로 해서 어린이는 그가 배우는 언어가 인간 언어의 형태를 취하게 되며, 모든 가능한 문법적인 가설 중에서 가장 타당한 문법 체계를 고를 수 있는 것이다. 언어가 극도로 추상적이고 고도로 복잡한 것임에도 불구하고, 어린이는 일찍, 또 짧은 시일 안에 언어를 습득한다. 어린이의 언어 습득은 초월적인 성격을 지니고 있다.

(라) 이 이론에 의한 언어 습득 과정은 다음과 같다. 첫째로 어린이는 자기가 경험하는 개발 언어 – 이 경우에는 모국어 – 를 통하여 자기 나름대로 문법적인 가설을 세운다. 이는 어린이가 어떤 표현을 시도하기도 하고, 이해하기도 함을 뜻한다. 둘째로 그러한 가설은 경험의 증가에 따라 수정되고 폐기되기도 하고, 그러면서 좀 더 타당성 있는

가설로 발전된다. 셋째로 드디어 모국어를 완전히 말하고 이해하기에 알맞은 규칙 체제를 형성하기에 이른다. 두 살짜리 어린이가 '먹는 것, 먹니?, 입는다' 등을 '머그는 거(=먹으는 거), 머그니?(=먹으니?), 이브는다(=입는다)' 등으로 말을 하는 일이 있는데, 그것은 '먹-'이 'ㄴ' 앞에서 (일반적으로 ㅣ음 앞에서) '멍-'으로 변하고, '입-'이 '임-'으로 변하는 것을 인정하지 않고 그 기본형을 파악해서 모든 경우에 그것을 유지하려는 노력의 일단을 보여주는 것이다. 그러다가 후에 '멍는다, 멍니?, 임는다' 등으로 옳게 발음하게 되는데, 그것은 처음의 가설을 수정했거나, 거기에 새 규칙(즉, 파열음의 비음 앞에서의 동화)을 발견하여 부가(附加)하기에 이르렀음을 보여주는 것으로 어른들의 말을 그대로 반복 암송하는 것이 아님을 나타낸다.

(마) 한편, 합리주의적 입장에서는 어린이의 언어 습득은 거의 전적으로 타고난 특수한 언어 습득 능력과 일반 언어 구조에 대한 선험적 지식에 의해서 이루어지는 것이라고 한다. 즉 '무(無)'로부터 경험적 사실의 축적에 의해 언어 능력이 형성되는 것이 아니라, 인간에게는 선천적으로 전승된 인간 고유의 언어 습득 능력이 있어서 그것에 의해 언어 습득이 이루어진다는 것이다. 사람이 날 때부터 지닌 일반 언어 구조에 대한 선험적 지식은 마치 건축 설계의 청사진과도 같은 것이어서, 생후의 언어 경험은 다만 이러한 내재적 능력에 발동을 거는 역할을 한다는 것이다. 골격은 이미 가지고 나왔고 거기에다 살만 붙인다는 것이다.

① (가) – (나) – (마) – (라) – (다)
② (가) – (다) – (나) – (라) – (마)
③ (나) – (가) – (라) – (마) – (다)
④ (나) – (마) – (가) – (다) – (라)
⑤ (나) – (마) – (라) – (가) – (다)

(가) : 인간의 모어(母語) 사용의 유창성에 대해 언급한 부분으로, 맨 앞에 오는 것이 적절하다.
(나) : 어린이의 언어 습득이 이루어지는 두 가지 측면을 소개하고 있다.
(마) : 앞에서 말한 두 가지 측면 가운데 합리주의적 입장에 대해 구체적으로 설명하고 있다.
(라) : 합리주의적 언어 습득의 과정을 예를 들어 설명하고 있다.
(다) : 앞 문단에서 설명한 내용들을 바탕으로 어린이들이 단기간에 언어를 습득할 수 있는 이유에 대하여 다시 언급하며 글을 마무리하고 있다.

정답 01 ①

02

(가) 8.15해방은 우리나라 기업 환경에 커다란 변화를 초래하여 기업가 정신의 부재와 혼란을 가져오기 시작한다. 그 원인은 다음과 같은 사실에 기인한 것으로 보여진다. 해방 당시 일인(日人)이 남기고 간 귀속 재산은 민족 자본이 영세하였던 당시로서는 커다란 이권이었다. 이러한 귀속 재산의 불하(拂下)과정에서의 비리와 특정 기업의 특혜에 의한 축재, 관료와의 연계는 우리나라 기업이 부패하게 된 커다란 동기가 되었다.

(나) 이렇듯 출발한 기업은 한국 전란을 겪는 사이의 외원 특혜(外援特惠), 그리고 전란 복구 기간에 있어서의 외화 및 금융 특혜 등 정권과 밀착되어진 속에서의 경영을 영위하여 왔다. 따라서 기업은 정치적 또는 경제적인 연고자, 혈연자, 지연자들 간의 특혜에 의하여 경영되어졌으며, 기업가의 관심은 경영 내적 요인에 의한 지속과 발전보다 경영 외적 요인에 대하여 더 큰 관심을 갖기에 이르렀고 여기에 우리나라 기업의 문제점이 일기 시작하였다.

(다) 그러나 이러한 여건에서나마 굳이 긍정적인 면이라면 그것이 설사 특혜와 기업 외적 요인에 의해서 이루어진 것이라고는 하나 한국에 있어 새로운 기업과 기업가 계층을 형성하였다고 하는 점이다. 그렇기 때문에 우리 국민은 4.19와 5.16을 겪는 사이에도 부당하게 축재한 기업에 대한 응징도 용서한 채로 기업이 한국의 경제 발전에 기여할 것을 기대하였던 것이다. 사실상 1962년에 경제 개발 계획을 처음 시작하면서 그나마도 이들이 쌓아 왔던 경험이 유용하였던 것이고, 이 시점에서 볼 때 한국의 기업가들이 경제 성장을 이룩함에 기여하였던 바 또한 컸던 것도 부인할 수만은 없다.

(라) 그럼에도 불구하고 오늘날 한국의 기업가에 대한 비판과 의혹의 눈이 가시지 않고 있음은 어디서 연유하는 것일까를 냉혹하게 생각하여 볼 필요가 있다. 우리나라의 경제가 양적으로 팽창한 것만으로 경제 성장의 진실한 목적을 달성하였다고 할 수 없는 것과 같이 한국의 기업가가 이에 참여하였다고 하는 것, 그리고 기업을 크게 이룩하였다고 하는 것 그것만으로 기업의 책임을 다하였다고 할 수 없다.

(마) 다시 말하면, 경제 성장의 진정한 목적은 복지 국가의 실현이며 경제의 양적 팽창은 이를 위한 수단인 것과 같이 기업의 경우에 있어서도 사회적 책임을 다할 때 비로소 기업가의 사회적인 받아들임이 가능케 되는 것이다. 예컨대, 설사 거대한 기업군을 거느리고 있다 하더라도 저임금과 열악한 노동 조건을 강요하면서 자기만의 이익을 추구한다 할 때 사회는 이를 받아들이려 하지 않을 것이다. 왜냐하면 오늘날의 기업은

진공 속에서 행동하고 목적을 달성하는 것이 아니라 사회 속에서 목적을 달성하여야 하며 또한 그럴 수밖에 없는 실체이기 때문이다.

① (가) – (나) – (다) – (라) – (마)
② (가) – (나) – (라) – (마) – (다)
③ (가) – (다) – (나) – (라) – (마)
④ (가) – (라) – (나) – (다) – (마)
⑤ (가) – (라) – (다) – (마) – (나)

(가) : 8.15해방이 우리나라 기업 환경에 변화를 초래하게 된 배경에 대해 설명하고 있다.
(나) : 기업 환경 변화에 따라 여러 가지 문제점이 일기 시작했음을 언급하고 있다.
(다) : 앞서 말한 문제적인 상황에서도 한국의 기업가들이 경제 성장을 이룩함에 기여하였다고 하면서 긍정적인 측면을 제시하고 있다.
(라) : '그럼에도 불구하고'라는 접속사를 사용하여 오늘날 한국의 기업가에 대한 비판과 의혹이 지속되고 있음을 언급하며 기업가가 완전한 책임을 다했다고 볼 수 없음을 환기하고 있다.
(마) : 기업가가 사회적 책임을 다할 때 비로소 책임을 다한 것이라고 하면서 앞서 말한 바를 정리하여 다시 언급하고 있다.

기출유형분석

문제풀이 시간 : 1분

▶ 글의 제목으로 가장 적절한 것은?

평화로운 시대에 시인의 존재는 문화의 비싼 장식일 수 있다. 그러나 시인의 조국이 비운에 빠졌거나 통일을 잃었을 때 시인은 장식의 의미를 떠나 민족의 예언가가 될 수 있고, 민족혼을 불러일으키는 선구자적 지위에 놓일 수도 있다. 예를 들면 스스로 군대를 가지지 못한 채 제정 러시아의 가혹한 탄압 아래 있던 폴란드 사람들은 시인의 존재를 민족의 재생을 예언하고 굴욕스러운 현실을 탈피하도록 격려하는 예언자로 여겼다. 또한 통일된 국가를 가지지 못하고 이산되어 있던 이탈리아 사람들은 시성 단테를 유일한 '이탈리아'로 숭앙했고, 제1차 세계대전 때 독일군의 잔혹한 압제 하에 있었던 벨기에 사람들은 베르하렌을 조국을 상징하는 시인으로 추앙하였다.

① 시인의 생명
② 시인과 조국의 운명
③ 시인의 예언가적 지위
④ 시인의 애국심
⑤ 시인의 사명(使命)

제시문의 앞부분에서 시인은 처한 시대 상황에 따라 그 지위나 역할이 달라질 수 있다는 것을 언급하고 있다. 즉, 평화로운 시대에는 시인의 존재가 문화의 비싼 장식이 되며, 조국이 비운에 빠지거나 통일을 상실한 경우 민족의 예언가가 되거나 민족혼을 불러일으키는 선구자가 될 수 있다고 하였다. 그리고 이후의 내용은 국가가 어려운 시기에 처한 경우 민족의 예언가, 또는 조국의 통일과 저항을 상징하는 역할을 수행한 시인의 예를 들고 있다. 따라서 이 글의 제목으로 가장 적절한 것은 '시인의 사명(使命)'이다. 사명은 '맡겨진 임무'를 뜻하는 말로, 시인은 조국과 민족이 처한 어려운 상황에서 어떠한 역할을 수행해야 하는가와 관련된 말이라 할 수 있다.

정답 ⑤

[01~03] 글의 제목으로 가장 적절한 것을 고르시오.

총 문항 수 : 3문항 | 총 문제풀이 시간 : 3분 45초 | 문항당 문제풀이 시간 : 1분 15초

01

우리는 비극을 즐긴다. 비극적인 희곡과 소설을 즐기고, 비극적인 그림과 영화 그리고 비극적인 음악과 유행가도 즐긴다. 슬픔, 애절, 우수의 심연에 빠질 것을 알면서도 소포클레스의 「안티고네」, 셰익스피어의 「햄릿」을 찾고, 베토벤의 「운명」, 차이코프스키의 「비창」, 피카소의 「우는 연인」을 즐긴다. 아니면 텔레비전의 멜로드라마를 보고 값싼 눈물이라도 흘린다. 이를 동정과 측은과 충격에 의한 '카타르시스', 즉 마음의 세척으로 설명한 아리스토텔레스의 주장은 유명하다. 그것은 마치 눈물로 스스로의 불안, 고민, 고통을 씻어내는 역할을 한다는 것이다.

니체는 좀 더 심각한 견해를 갖는다. 그는 "비극은 언제나 삶에 아주 긴요한 기능을 가지고 있다. 비극은 사람들에게 그들을 싸고도는 생명 파멸의 비운을 똑바로 인식해야 할 부담을 덜어주고, 동시에 비극 자체의 암울하고 음침한 원류에서 벗어나게 해서 그들의 삶의 흥취를 다시 돋우어 준다."라고 하였다. 그런 비운을 직접 전면적으로 목격하는 일, 또 더구나 스스로 직접 그것을 겪는 일이라는 것은 너무나 끔찍한 일이기에, 그것을 간접경험으로 희석한 비극을 봄으로써 '비운'이란 그런 것이라는 이해와 측은지심을 갖게 되고, 동시에 실제 비극이 아닌 그 가상적인 환영(幻影) 속에서 비극에 대한 어떤 안도감도 맛보게 된다.

① 비극의 현대적 의의
② 비극을 즐기는 이유
③ 비극의 기원과 역사
④ 비극에 반영된 삶
⑤ 비극에 대한 니체의 견해

정답 해설 제시된 글은 첫 번째 단락에서는 아리스토텔레스의 주장을 예로 들어 '비극의 효용'에 대해서 말하고 있으며 두 번째 단락에서는 니체의 견해를 예로 들어 '비극의 기능'에 대해서 말하고 있다. 두 단락의 내용을 종합했을 때 이 글의 제목으로 가장 적절한 것은 '비극을 즐기는 이유'이다.

정답 01 ②

02

자연의 생명체가 보여 주는 행동이나 구조, 그들이 만들어내는 물질 등을 연구해 모방함으로써 인간 생활에 적용하려는 기술이 생체모방이다. 그러나 '생체모방'은 나노기술의 발전과 극소량의 물질을 대량으로 생산해내는 유전공학 등 관련 분야의 발달로 '생체모방 공학'이라고 부를 수 있게 되었다.

홍합이 바위에 자신의 몸을 붙이는 데 사용하는 생체물질인 '교원질 섬유 조직'은 물에 젖어도 떨어지지 않는 첨단 접착제로 주목받고 있으며, 거미불가사리의 몸통과 팔을 연결하는 부위에 부착된 방해석이라는 수정체는 인간의 기술로 개발된 어떠한 렌즈보다도 작으면서 정확하게 초점을 맞추는 기능을 가진 것으로 알려졌다.

35억 년 역사를 가진 지구에는 서로 다른 특징과 능력을 지닌 수백만 종의 동식물이 살고 있다. 하지만 이들의 능력이 밝혀진 것은 아주 미미하며, 우리가 알지 못하는 놀라운 능력을 가진 동식물이 어딘가에 존재하고 있을 것이다. 그래서 모든 생명체가 간직한 비밀의 열쇠를 찾아 인간 생활에 적용함으로써, 자연과 기술을 조화롭게 응용하여 인간을 이롭게 하자는 것이 생체모방 공학의 목적이다. 이제 과학은 다시 자연으로 돌아가 자연을 배우고자 한다. 자연을 배우고, 자연을 모방한 과학이야말로 진정한 인간을 위한 과학이 아닌가 생각한다.

① 생명체의 놀라운 능력
② 생체모방 공학의 특징
③ 생체모방 공학의 한계
④ 생체모방 공학의 목적과 방향
⑤ 생체모방 공학 발전을 위한 노력

정답 해설 제시문에서는 '생체모방'에 대해 정의하고, 놀라운 생명체의 능력과 그 비밀을 연구하여 인간 생활에 적용하여 인간을 이롭게 하고자 하는 생체모방 공학의 목적을 밝히고 있다. 또 이러한 목적을 달성하기 위해 '자연으로 돌아가 자연을 배우고자 한다.'라는 생체모방 공학의 방향을 제시하고 있다.

03

남녀 간에 성차가 존재한다고 보는 이들은 그 원인을 환경적 요인이나 유전적 요인으로 설명한다. 먼저 유전적 설명에서는 남녀가 몇 가지 특성에서 차이를 보이는 것은 유전적인 요인 때문이라고 주장한다. 반면에 환경적 설명에서는 성차가 사회적 · 교육적 환경 때문에 생긴다고 주장하면서 유전적인 설명 자체에 강하게 반발한다. 그러나 적어도 평등의 문제와 관련해서는 성차에 대한 유전적 설명이 옳은가, 환경적 설명이 옳은가를 따지는 것은 중요하지 않다. 그 대신 이런 설명들이 평등이라는 이상에 대하여 어떤 의미를 가지고 있느냐가 중요한 문제이다. 만약 유전적 설명이 그른 것으로 드러난다면 성차에 근거한 차별은 부당하다고 볼 수 있다. 반면에 유전적 설명이 옳다고 하더라도 이것이 남녀 간의 차별을 옹호하고 평등의 원칙을 거부하는 근거라고 단정할 수는 없다. 물론 유전적 설명이 옳다고 가정한다고 해서 그것이 사실이라고 믿는 것은 아니다. 유전적 설명이 차별을 정당화한다는 이유로 그 시도 자체에 반대할 경우, 뜻밖에도 유전적 증거들이 확인된다면 아주 당황하게 될 것이다. 그래서 유전적 설명이 옳다고 가정해서 그 의미를 검토해 보는 것이다. 성차의 원인이 무엇이든 간에 차이는 오직 평균적으로 존재할 뿐이다. 남성의 공간 지각 능력의 우월성을 설명하기 위해 제시된 유전적 가설까지도 여성의 4분의 1이 남성의 절반보다 공간 지각 능력이 더 뛰어날 것이라고 설명하고 있다. 실제로 주변에서 남성보다 공간 지각 능력이 뛰어난 여성을 쉽게 찾아볼 수 있다. 그러므로 유전적 설명이 맞든 안 맞든 간에, '너는 여자니까 혹은 너는 남자니까 이 일을 잘 할 수 없다'라는 단정을 해서는 안 된다. 우리가 사람들을 제대로 이해하기 위해서는 그들을 '남성'이나 '여성'이라고 한 덩어리로 뭉뚱그려서는 안 된다. 우리는 그들 각각을 하나의 개별체로 보고 접근해야 한다. 성차가 유전적으로 존재한다는 과학적인 근거가 입증된다고 해도 그렇다. 하물며 단순히 편견에 의존해서 집단 간에 차이를 부여하는 경우는 더 말할 나위가 없다.

① 성별에 따른 차이의 존재 유무 ② 성별에 따른 차이의 원인
③ 성별에 따른 차별의 과학적 근거 ④ 성별에 따른 차별의 금지
⑤ 성별에 따른 공간 지각 능력의 차이

제시문에서 필자는 성별에 따른 차이가 유전적으로 존재한다는 과학적인 근거가 입증된다고 해도 그것이 남녀 간의 차별을 옹호하고 평등의 원칙을 거부하는 근거라고 단정할 수는 없으며, 사람 각각을 하나의 개별체로 보고 접근해야 한다고 주장하고 있다.

정답 02 ④ | 03 ④

[01~03] 다음 글을 읽고 이를 통해 추론할 수 있는 것을 고르시오.

총 문항 수 : 3문항 | 총 문제풀이 시간 : 3분 | 문항당 문제풀이 시간 : 1분

01

고려 시대에 지방에서 의료를 담당했던 사람으로는 의학박사, 의사, 약점사가 있었다. 의학박사는 지방에 파견된 최초의 의관으로서, 12목에 파견되어 지방의 인재들을 뽑아 의학을 가르쳤다. 의사는 지방 군현에 주재하면서 약재를 채취하고 백성을 치료하였으며, 의학박사만큼은 아니지만 의학교육의 일부를 담당하였다.

지방 관청에서는 약점을 설치하여 약점사를 배치하였다. 약점사는 향리들 중에서 임명되었다. 약점은 약점사가 환자를 치료하는 공간이자 약재의 유통이 이루어지는 공간이었다. 약점사의 일 중 가장 중요한 것은 백성들이 공물로 바치는 약재를 수취하고 관리하여 중앙 정부에 전달하는 일이었다. 약점사는 왕이 하사한 약재를 관리하는 일과 환자를 치료하는 일도 담당하였다. 지방마다 의사를 두지는 못하였으므로 의사가 없는 지방에서는 의사의 업무 모두를 약점사가 담당했다.

① 의사들 가운데 실력이 뛰어난 사람이 의학박사로 임명되었다.
② 약점사의 의학 실력은 의사들보다 뛰어났다.
③ 약점사가 의학교육을 담당할 수도 있었다.
④ 의사는 향리들 중에서 임명되었다.
⑤ 의사들의 진료 공간은 약점이었다.

③ 지방마다 의사를 두지는 못하였으므로 그런 지방에서는 약점사가 의사의 모든 업무를 담당한다고 하였다. 의사 역시 의학교육의 일부를 담당하였으므로 약점사가 의학교육을 담당할 수도 있었다.

① 의학박사의 임명에 대해서는 언급되어 있지 않다.

② 향리 중에서 임명된다는 점, 약재의 수취 · 관리 및 전달이 가장 중요한 업무였다는 점, 의사가 없는 지방에서 의사의 업무를 담당한다는 점 등을 통해 약점사의 의학 실력을 추론할 수 있다.

④, ⑤ 향리들 중에서 임명된 것은 약점사이고, 약점은 약점사가 환자를 치료하는 공간이었다.

이 문제 중요!

02

인종차별주의는 사람을 인종에 따라 구분하고 이에 근거해 한 인종 집단의 이익이 다른 인종 집단의 이익보다 더 중요하다고 본다. 그 결과 한 인종 집단의 구성원은 다른 집단의 구성원보다 더 나은 대우를 받게 된다. 특정 종교에 대한 편견이나 민족주의도 이와 다르지 않다.

특정 집단들 사이의 차별 대우가 정당화되기 위해서는 그 집단들 사이에 합당한 차이가 있어야 한다. 예를 들어 국가에서 객관적인 평가를 내려 대학마다 차별적으로 지원하는 경우, 이는 대학들 사이의 합당한 차이를 통해 정당화될 수 있다. 그렇지만 인종차별주의, 종교적 편견, 민족주의에 따른 차별 대우는 이런 방식으로는 정당화될 수 없다. 합당한 차이를 찾을 수 없기 때문이다.

① 특정 집단이 다른 집단보다 더 큰 이익을 획득해서는 안 된다.
② 특정 집단 내에서 구성원들 사이의 차별 대우는 정당화될 수 없다.
③ 특정 집단에 속한 구성원들은 다른 집단 구성원들의 이익을 고려해야 한다.
④ 특정 집단들 사이의 차별 대우가 정당화되기 위해서는 합당한 차이가 있어야 한다.
⑤ 특정 집단에 속한 구성원들 사이에 합당한 차이가 있더라도 차별 대우를 정당화해서는 안 된다.

①, ⑤ 대학에 대한 국가의 지원에 빗대어, 합당한 차이가 있는 경우 특정 집단들 간의 차별 대우는 정당화될 수 있다고 하였다.

② 제시문에서는 특정 집단 간의 차별 대우를 다루고 있으며, 그 집단 내부의 구성원들 사이의 차별 대우에 대해서는 제시문을 통해 알 수 없다.

③ 인종차별주의는 사람을 인종에 따라 구분하고 이에 근거하여 한 인종 집단의 이익이 다른 인종 집단의 이익보다 더 중요하다고 보는 것을 말한다. 그러나 특정 집단 구성원들이 이 이익과 관련하여 보여야 할 태도에 대해서는 언급되어 있지 않다.

정답 01 ③ | 02 ④

03

과학에서 혁명적 변화는 정상적 변화와 다르다. 혁명적 변화는 그것이 일어나기 전에 사용되던 개념들로는 수용할 수 없는 새로운 발견들을 동반한다. 과학자가 새로운 발견을 하고 이를 수용하기 위해서는 어떤 영역의 자연현상들에 대해 생각하는 방식과 기술하는 방식 자체를 바꾸어야 한다. 뉴턴의 제2 운동 법칙의 발견이 이러한 변화에 해당한다. 이 법칙이 채택하고 있는 힘과 질량의 개념은 이 법칙이 도입되기 전까지 사용되던 개념들과는 다른 것이었고, 이 새로운 개념들의 정의를 위해서는 뉴턴의 법칙 자체가 필수적이었다. 좀 더 포괄적이면서도 비교적 단순한 또 하나의 사례는 프톨레마이오스 천문학에서 코페르니쿠스의 천문학으로의 전이 과정에서 찾을 수 있다. 이 전이가 이루어지기 전까지 태양과 달은 행성이었고 지구는 행성이 아니었다. 전이 이후에 지구는 화성이나 목성과 마찬가지로 행성이 되었고, 태양은 항성이, 그리고 달은 새로운 종류의 천체인 위성이 되었다. 이와 같은 변화는 단지 프톨레마이오스 체계 내의 개별적인 오류를 교정한 것이 아니다. 이 변화는 뉴턴 운동 법칙으로의 전이에서와 마찬가지로 자연 법칙 자체의 변화였다. 그리고 그 변화된 자연 법칙 속의 몇몇 용어들이 자연에 적용되는 방식도 변하였다.

① 과학은 혁명을 통해 진보한다.
② 과학 용어의 의미와 지시 대상은 가변적이다.
③ 과학의 목적은 영원한 진리를 발견하는 것이다.
④ 정상적 변화 과정에서 과학자들은 반대 사례를 무시한다.
⑤ 코페르니쿠스 이론은 프톨레마이오스 이론보다 우월하다.

정답 해설 제시문에 따르면 과학은 종종 혁명적 변화를 수반한다. 프톨레마이오스 천문학에서 코페르니쿠스 천문학으로의 전이 시, 이전까지 행성이었던 태양과 달은 각각 항성과 위성이 되었으며 지구는 행성이 되었다. 이런 식으로 과학 용어와 지시 대상은 변화할 수 있다.

[04~07] 다음 글을 읽고 이를 통해 추론할 수 없는 것을 고르시오.

총 문항 수 : 4문항 | 총 문제풀이 시간 : 4분 | 문항당 문제풀이 시간 : 1분

이 문제 중요!

04

한국 신화에서 건국신화 다음으로 큰 비중을 차지하는 것은 무속신화이다. 무속신화는 고대 무속 제전에서 형성된 이래 부단히 생성과 소멸을 거듭했다. 이러한 무속신화 중에서 전국적으로 전승되는 '창세신화'와 '제석본풀이'는 남신과 여신의 결합이 제시된 후 그 자녀가 신성의 자리에 오른다는 점에서 신화적 성격이 북방의 건국신화와 다르지 않다. 한편, 무속신화 중 '성주신화'에서는 남성 인물인 '성주'가 위기에 빠져 부인을 구해내고 출산과 축재를 통해 성주신의 자리에 오른다. 이는 대부분의 신화에서 나타나는 부자(父子) 중심의 서사 구조가 아닌 부부 중심의 서사 구조를 보여준다.

특이한 유형을 보이는 신화 중에 제주도의 '삼성신화'가 있다. '삼성신화'에서는 남성이 땅 속에서 솟아나고 여성이 배를 타고 들어온 것으로 되어 있다. 남성이 땅에서 솟아났다는 점은 부계 혈통의 근원을 하늘이 아닌 대지에 두었다는 것으로 본토의 건국신화와 대조된다. 그리고 여성이 배를 타고 왔다는 것은 여성이 도래한 세력임을 말해 준다. 특히 남성은 활을 사용하고 여성이 오곡의 씨를 가지고 온 것으로 되어 있는데, 이것은 남성으로 대표되는 토착 수렵 문화에 여성으로 대표되는 농경문화가 전래되었음을 신화적으로 형상화한 것이다.

① 주몽신화는 북방의 건국신화이다.
② 신화에는 당대 민족의 문화적 특징이 담겨 있다.
③ 성주신화에서는 부부 중심의 서사 구조가 나타난다.
④ 삼성신화에서는 부계 사회에서 모계 중심의 사회로 전환되는 사회상이 나타난다.
⑤ 한반도 본토의 건국신화에서는 보통 부계 혈통의 근원을 하늘이라고 보았다.

정답 해설 삼성신화에서 여성은 배를 타고 들어와 농경문화를 전래한 존재로 그려지고 있다. 이는 부계 혈통의 토착 부족에 새로운 부족이 결합하고, 토착 부족의 수렵 문화에 새로운 부족이 농경문화를 전파한 것으로 해석할 수 있다.

05

고대 그리스의 어떤 철학자는 눈, 우박, 얼음의 생성에 대해 다음과 같이 주장했다. 특정한 구름이 바람에 의해 강력하고 지속적으로 압축될 때 그 구름에 구멍이 있다면, 작은 물 입자들이 구멍을 통해 구름 밖으로 배출된다. 그리고 배출된 물은 하강하며 더 낮은 지역에 있는 구름 내부의 극심한 추위 때문에 동결되어 눈이 된다. 또는 습기를 포함하고 있는 구름들이 나란히 놓여서 서로를 압박할 때, 이를 통해 압축된 구름 속에서 물이 동결되어 배출되면서 눈이 된다. 우박은 구름이 물을 응고시키면서 만들어지는데, 이런 현상은 특히 봄에 빈번하게 발생한다.

얼음은 물에 있던 둥근 모양의 입자가 밀려나가고 이미 물 안에 있던 삼각형 모양의 입자들이 함께 결합하여 만들어진다. 또는 밖으로부터 들어온 삼각형 모양의 물 입자가 함께 결합하여 둥근 모양의 물 입자를 몰아내고 물을 응고시킬 수도 있다.

① 구름의 압축은 바람에 의해 발생하는 경우도 있고, 구름들의 압박에 의해 발생하는 경우도 있다.
② 날씨가 추워지면 둥근 모양의 물 입자가 삼각형 모양의 물 입자로 변화한다.
③ 물에는 둥근 모양의 입자뿐만 아니라 삼각형 모양의 입자도 있다.
④ 봄에는 구름이 물을 응고시키는 경우가 자주 발생한다.
⑤ 얼음에는 삼각형 모양의 물 입자들이 결합되어 있다.

정답 해설 ② 삼각형 모양의 입자들이 결합하여 얼음이 생성된다는 내용은 있으나, 삼각형 모양의 입자들이 어떻게 생성되는지에 대해서는 언급되어 있지 않다. 얼음의 생성을 추운 날씨와 연관시킨다 해도, 물 안에 있던 둥근 모양의 입자는 밀려나가게 되므로 둥근 모양의 입자가 삼각형 모양의 입자로 변화한다는 내용을 추론할 수는 없다.

① '특정한 구름이 바람에 의해 강력하고 지속적으로 압축될 때'라는 부분과 '습기를 포함하고 있는 구름들이 나란히 놓여서 서로를 압박할 때, 이를 통해 압축된 구름'이라는 부분을 통해 구름의 압축이 발생하는 원인을 알 수 있다.

③ 두 번째 문단의 첫 번째 문장에서, '둥근 모양의 입자'와 '삼각형 모양의 입자'가 물 안에 있음을 알 수 있다.

④ 첫 번째 문단의 마지막 문장을 통해 알 수 있다.

⑤ 얼음은 물에 있던 둥근 모양의 입자가 밀려나가고 삼각형 모양의 입자들이 함께 결합하여 만들어진다.

06

목조 건축물에서 골조 구조의 가장 기본적인 양식은 기둥과 보가 결합된 것으로서 두 개의 기둥 사이에 보를 연결한 구조이다. 두 기둥 사이에 보를 연결하여 건물의 한 단면이 형성되고 이를 반복하여 공간을 만든다. 이런 구조는 기둥에 대해 수직으로 작용하는 하중에는 강하지만 수평으로 가해지는 하중에는 취약하다. 이때 기둥과 보 사이에 가새를 넣어 주어야 하며, 이를 통해 견고한 구조를 실현한다.

가새는 보와 기둥 사이에 대각선을 이루며 연결하는 부재이다. 기둥과 보, 그리고 가새가 서로 연결되어 삼각형 형태가 되면 골조는 더 안정된 구조를 이룰 수 있다. 이러한 삼각형 형태 때문에 보에 가해지는 수평 하중은 가새를 통해 기둥으로 전달된다. 대부분의 가새는 하나의 보와 이 보의 양 끝에 수직으로 연결된 두 기둥에 설치되므로 마주보는 짝으로 구성된다. 가새는 보에 가해지는 수직 하중의 일부도 기둥으로 전달하는 역할을 하지만, 가새의 크기와 위치를 설계할 때에는 수평 하중의 영향만을 고려한다.

① 가새는 수직 하중에 약한 구조를 보완한다.
② 가새는 수직 하중의 일부를 기둥으로 보낸다.
③ 가새는 목조 골조 구조의 안정성을 향상시킨다.
④ 가새를 얼마나 크게 할지, 어디에 설치할지를 설계할 경우에 수평 하중의 영향만을 생각한다.
⑤ 가새는 대부분 하나의 보를 받치는 두 개의 기둥 각각에 설치되므로 한 쌍으로 이루어진다.

정답 해설 두 기둥 사이에 보를 연결하는 골조 구조는 수직 하중에는 강하지만 수평 하중에는 약하며, 이를 보완하기 위해 가새가 사용된다. 즉, 가새는 수평 하중에 약한 구조를 보완한다.

가새(brace)

기둥의 상부와 다른 기둥의 하부를 대각선으로 잇는 경사재를 말한다. 지진 · 태풍 등 수평외력에 견디고 변형되지 않도록 하기 위해 사용된다.

07

한 마리의 개미가 모래 위를 기어가고 있다. 개미가 기어감에 따라 모래 위에는 하나의 선이 생긴다. 개미가 모래 위에서 방향을 이리저리 틀기도 하고 가로지르기도 하여 형성된 모양이 아주 우연히도 이순신 장군의 모습과 유사한 그림과 같이 되었다고 하자. 이 경우 그 개미가 이순신 장군의 그림을 그렸다고 할 수 있는가?

개미는 단순히 어떤 모양의 자국을 남긴 것이다. 우리가 그 자국을 이순신 장군의 그림으로 보는 것은 우리 스스로가 그렇게 보기 때문이다. 선 그 자체는 어떠한 것도 표상하지 않는다. 이순신 장군의 모습과 단순히 유사하다고 해서 그것이 바로 이순신 장군을 표상하거나 지시한다고 할 수는 없다. 반대로 어떤 것이 이순신 장군을 표상하거나 지시한다고 해서 반드시 이순신 장군의 모습과 유사하다고 할 수도 없다. 이순신 장군의 모습을 본뜨지도 않았으면서 이순신 장군을 가리키는 데에 사용되는 것은 활자화된 '이순신 장군'과 입으로 말해진 '이순신 장군' 등 수없이 많다. 개미가 그린 선이 만약 이순신 장군의 모습이 아니라 '이순신 장군'이란 글자 모양이라고 하자. 분명히 그것은 아주 우연히 그렇게 되었다. 따라서 개미가 우연히 그린 모래 위의 '이순신 장군'은 이순신 장군을 표상한다고 할 수 없다. 활자화된 모양인 '이순신 장군'이 어느 책이나 신문에 나온 것이라면 그것은 이순신 장군을 표상하겠지만 말이다. '이순신'이란 이름을 책에서 본다면 그 이름을 활자화한 사람이 있을 것이고, 그 사람은 이순신 장군의 모습을 생각할 수도 있고 그를 지시하려는 의도를 가졌을 것이기 때문이다.

① 이름이 어떤 것을 표상하기 위한 의도는 필요조건이다.

② 어떤 것을 표상하기 위해 유사성은 충분조건이 아니다.

③ 개미가 남긴 모래 위의 흔적 자체는 어떤 것도 표상하지 않는다.

④ 이순신 장군을 그리고자 그린 그림이라도 이순신 장군과 닮지 않았다면 그를 표상하는 그림이라고 볼 수 없다.

⑤ 이름이 어떤 대상을 표상하기 위해서는 그 이름을 사용한 사람이 그 대상에 대해서 생각할 수 있는 능력이 있어야 한다.

정답해설 이순신 장군의 모습을 본뜨지 않았더라도 이순신 장군을 가리키는 데에 사용될 수 있다는 내용을 통해, 이순신 장군을 그리고자 그린 그림이라도 이순신 장군과 닮지 않았다면 그를 표상하는 그림이라고 볼 수 없다는 내용이 거짓임을 추론할 수 있다.

[08~09] 다음 글을 읽고 ㉠에 들어갈 문장으로 알맞은 것을 고르시오.

총 문항 수 : 2문항 | 총 문제풀이 시간 : 2분 | 문항당 문제풀이 시간 : 1분

08

지식착각(Illusion of Knowledge)이란 자신의 지식을 과다하게 신뢰하여 자신이 실제로 알고 있는 것보다 더 알고 있다고 생각하는 것을 말한다. 전문가가 지식착각에 쉽게 빠지는 것도 같은 이유이다. 크리스토퍼 차브리스와 대니얼 사이먼스(C. Chabris and D. Simons)는 익숙하면 지식착각을 유발하여 충분히 알고 있다는 확신을 갖게 된다고 말했다. 즉, 낯선 정보는 이를 이해하고 받아들이기 위해 많은 에너지를 필요로 하지만, 익숙한 정보는 쉽게 받아들이게 되기 때문이다. 익숙함에서 비롯된 단순하고 낙관적인 추측 때문에 사람들은 자신이 마치 모든 것을 충분히 이해하고 있다는 확신을 갖게 된다. 이와 같은 확신은 우리의 뇌가 예측 불가능한 일보다 익숙한 것을 더 좋아하고 빨리 받아들이도록 진화된 것과 관련이 있다.

하지만 리처드 세일러(R. Thaler)는 지식착각이 잘못된 결과를 가져올 수도 있다고 하였다. (㉠) 가끔은 우리 속담에서처럼 모르는 게 약이 될 때도 있지 않을까.

① 익숙한 정보를 많이 가지고 있을수록 의사결정이 어려워지고 실패할 가능성이 높아진다는 것이다.

② 때로는 존재하지 않는 패턴을 인식하기도 하고 존재하는 패턴을 잘못 인식하기 때문이다.

③ 감각을 통해서 관념을 갖는 감각적 지식은 현재와 과거의 관념이 언제나 틀릴 수 있다는 점에서 오류에 노출된다는 것이다.

④ 자신의 지식이나 정보를 지나치게 신뢰함으로써 다른 사람의 의견은 무시하거나 고려조차 하지 않게 된다.

⑤ 너무나도 익숙한 정보보다는 익숙하지 않은 정보에 더 흥미를 보이며, 본래의 지식에 혼란이 가중되는 것이다.

1DAY 2DAY 3DAY

정답 07 ④ | 08 ①

 자신에게 익숙한 정보를 쉽게 받아들이고, 과다하게 신뢰하여 자신이 실제로 알고 있는 것보다 더 알고 있다고 과신하는 '지식착각'에 대한 내용이다. 빈칸에는 지식착각으로 인해 발생할 수 있는 잘못된 결과에 대한 내용이 들어가야 하므로 ①이 적절하다. '모르는 게 약'이라는 속담을 통해 빈칸의 내용을 유추할 수도 있다.

09

인간이란 책임감 있는 사람으로 대접 받으면 책임감 있는 사람으로 행동하게 된다. 이 메커니즘은 여러 번의 실험을 통해 입증된 바 있다. 수많은 연구들을 토대로 우리는 인간이란 존재가 다른 사람들의 시각에 영향을 받는다는 사실을 알고 있다. 만약 당신이 누군가에게 신뢰를 입증할 기회를 준다면 그 사람은 이미 정직한 사람이 되어 있거나 혹은 앞으로 정직한 사람이 될 수 있을 것이다. 반대 경우도 마찬가지다. 당신이 다른 사람을 불신할 경우 이 사람은 그에 맞는 행동을 하게 된다. 직원이 성실한 사람임에도 불구하고 어떤 이유 때문에 당신이 그 직원을 불신한다면 이것은 그가 불성실한 행동을 하도록 유도하는 것이나 다름없다. 자신의 신뢰에 부응하려는 욕구에 대한 심리학적 연구에 따르면, 신뢰할만한 사람으로 대접 받는 사람들은 자신들에게 주어진 신뢰에 걸맞은 행동을 하는 경향이 있다. 목적 달성을 위해서는 "신뢰할 수 있게 행동하시오."라는 말 보다는 "당신을 신뢰합니다."라는 말이 더 효과적이다. 물론 여기에도 한계는 있다. 즉 어떤 경우에는 이러한 신뢰가 적절하지 못할 수도 있다. 한마디로 말해 위험 요소가 너무 커져 버릴 수도 있는 것이다. 한 보호감찰관이 사회적으로 커다란 문제를 일으켰던, 상습적으로 약속을 지키지 않는 가석방자에게 "일요일 저녁 9시까지 당신이 돌아올 것이라고 믿습니다."라고 말했다면 이것은 용서 받을 수 없을 만큼 부주의한 행동이다. 왜냐하면 

(㉠)

① 신뢰는 신뢰 받을 행동을 낳고, 불신은 신뢰 받지 못할 행동을 낳는 것이기 때문이다.

② 신뢰란 진심에서 우러나오는 것만을 의미하지, 단순히 믿는다고 말하는 것을 의

미하지는 않기 때문이다.

③ 누군가에게 신뢰를 입증할 기회를 준다면 그 사람은 정직한 사람이 될 수 있기 때문이다.

④ 신뢰는 신뢰 받는 사람의 행동으로부터 나오는 결과까지 책임지는 것이기 때문이다.

⑤ 신뢰는 상대방의 의사를 자유롭게 표현할 수 있는 구체적 장치가 있어야 하기 때문이다.

정답 해설 ㉠ 앞에서 언급된 '상습적으로 약속을 지키지 않는 가석방자'는 신뢰하기 어려운 사람이라 말할 수 있다. 그런데 이러한 사람을 신뢰하는 것은 부주의한 행동이라는 점을 지적하고 있으므로 '왜냐하면' 다음의 빈칸에는 신뢰는 행동의 결과에 따라 책임을 져야 한다는 내용이 들어갈 것임을 추론할 수 있다. 이에 가장 부합하는 내용은 ④이다.

소요시간		채점결과	
목표시간	28분 45초	총 문항수	24문항
실제 소요시간	(　)분 (　)초	맞은 문항 수	(　　)문항
초과시간	(　)분 (　)초	틀린 문항 수	(　　)문항

2. 언어추리

기출유형분석

문제풀이 시간 : 20초

▶ 다음 밑줄 친 부분에 들어갈 문장으로 알맞은 것을 고르시오.

- 세 아이는 임의의 순서로 각각 빨간 우산, 노란 우산, 파란 우산을 쓰고 있다.
- 맨 왼쪽 아이는 노란 우산을 쓰고 있다.
- 철수는 영희의 바로 오른쪽에 있다.
- 민지는 빨간 우산을 쓰고 있다.
- 따라서 ____________________

① 영희는 파란 우산을 쓰고 있다.

② 영희는 민지의 바로 오른쪽에 있다.

③ 철수는 노란 우산을 쓰고 있다.

④ 민지는 철수의 바로 오른쪽에 있다.

⑤ 민지의 바로 왼쪽 아이는 노란 우산을 쓰고 있다.

- 맨 왼쪽아이는 노란 우산을 쓰고 있다.

노란 우산		

- 철수는 영희의 바로 오른쪽에 있다.

영희	철수	
노란 우산		

또는

	영희	철수
노란 우산		

- 민지는 빨간 우산을 쓰고 있다.

영희	철수	민지
노란 우산	파란 우산	빨간 우산

정답 ④

[01~12] 다음 물음에 대한 알맞은 답을 고르시오.

총 문항 수 : 12문항 | 총 문제풀이 시간 : 6분 | 문항당 문제풀이 시간 : 30초

01 다음 밑줄 친 부분에 들어갈 문장으로 알맞은 것을 고르면?

- 오늘 별똥별이 떨어지면 내일 비가 올 것이다.
- 바다가 기분이 좋으면 별똥별이 떨어진다.
- 바다는 아름답다.
- 따라서 ______________________

① 바다가 아니면 아름답지 않다.
② 바다가 아름다우면 내일 별똥별이 떨어질 것이다.
③ 오늘 바다가 기분이 좋으면 내일 비가 올 것이다.
④ 바다가 아름다우면 오늘 별똥별이 떨어질 것이다.
⑤ 오늘 별똥별이 떨어지지 않으면 내일 비가 오지 않는다.

정답 해설 ③ 바다가 기분이 좋으면 별똥별이 떨어지고, 별똥별이 떨어지면 다음날 비가 올 것이라고 했으므로 '오늘 바다가 기분이 좋으면 내일 비가 올 것이다'라는 명제는 참이다.
①, ⑤ 항상 참인 것은 아니다.

02 다음 밑줄 친 부분에 들어갈 문장으로 알맞은 것을 고르면?

• 미영이는 토익 시험에서 연재보다 20점 더 받았다.
• 연아의 점수는 미영이 보다 10점이 적다.
• 그러므로, ____________________

① 연재의 점수가 가장 높다.
② 연아의 점수가 가장 높다.
③ 미영이와 연재의 점수는 같다.
④ 연아의 점수는 연재의 점수보다 낮다.
⑤ 연아와 연재의 점수 차는 10점이다.

정답 해설 미영 > 연아 > 연재의 순으로 점수가 높으며, 각각의 점수 차는 10점이다.

03 다음 밑줄 친 부분에 들어갈 문장으로 알맞은 것을 고르면?

• A는 봄을 좋아하고, B는 여름을 좋아한다.
• D는 특별히 좋아하거나 싫어하는 계절이 없다.
• C는 A의 의견과 동일하다.
• 따라서 ____________________

① C는 봄을 좋아한다.
② D는 사계절을 모두 싫어한다.
③ B는 겨울을 싫어한다.
④ C는 여름도 좋아한다.
⑤ D는 여름을 싫어한다.

C는 A의 의견과 동일하다고 했으므로 C도 봄을 좋아한다.

이 문제 중요!

04 다음 밑줄 친 부분에 들어갈 문장으로 알맞은 것을 고르면?

- A를 구매하는 사람은 B를 구매한다.
- C를 구매하지 않는 사람은 B도 구매하지 않는다.
- C를 구매하는 사람은 D를 구매하지 않는다.
- 따라서 ____________________

① A를 구매한 사람은 D를 구매하지 않는다.
② B를 구매하는 사람은 C를 구매하지 않는다.
③ C를 구매하는 사람은 A를 구매하지 않는다.
④ B를 구매하지 않는 사람은 C도 구매하지 않는다.
⑤ A를 구매한 사람은 B, C, D를 모두 구매한다.

정답 해설 ① 두 번째 문장의 대우 명제는 'B를 구매하는 사람은 C를 구매한다'이므로 'A를 구매 → B를 구매', 'B를 구매 → C를 구매', 'C를 구매 → D를 구매하지 않음'이 성립한다. 따라서 'A를 구매하는 사람은 D를 구매하지 않는다'가 성립한다.
② B를 구매하는 사람은 C를 구매한다.
③ C를 구매하는 사람은 D를 구매하지 않는다.
④ 두 번째의 문장의 '역'에 해당하므로, 항상 참이라 할 수 없다.
⑤ A를 구매한 사람은 B와 C는 구매하지만 D는 구매하지 않는다.

05 다음 밑줄 친 부분에 들어갈 문장으로 알맞은 것을 고르면?

- 이번 수학 시험에서 민정이가 가장 높은 점수를 받았다.
- 정연이는 수학 시험에서 86점을 받아 2등을 했다.
- 가영이는 지난 수학 시험보다 10점 높은 점수를 받았다.
- 따라서 ______________________

① 가영이는 민정이와 같은 수학 점수를 받았다.
② 가영이는 정연이보다 높은 수학 점수를 받았다.
③ 민정이의 수학 점수는 86점보다 높다.
④ 가영이는 정연이보다 10점 낮은 점수를 받았다.
⑤ 민정이는 지난 수학 시험보다 높은 점수를 받았다.

정답 해설 수학 시험에서 민정이는 가장 높은 점수를 받았고, 2등을 한 정연이가 86점을 받았으므로 민정이의 수학 점수는 86점보다 높다.

06 다음 밑줄 친 부분에 들어갈 문장으로 알맞은 것을 고르면?

- 모든 나무는 산을 좋아한다. 그리고 약간의 짧은 ▲는 나무이다.
- 그러므로, ______________________

① 모든 나무는 ▲이다.
② 모든 긴 ▲는 산을 싫어한다.
③ 모든 긴 ▲는 산을 좋아한다.
④ 어떤 짧은 ▲는 산을 좋아한다.
⑤ 약간의 짧은 ▲는 산을 싫어한다.

정답 해설 약간의 짧은 ▲는 나무이고, 모든 나무는 산을 좋아하므로, 어떤 짧은 ▲는 산을 좋아한다.

이 문제 중요!

07 다음 밑줄 친 부분에 들어갈 문장으로 알맞은 것을 고르면?

- 진달래를 싫어하지 않는 사람은 알로에를 싫어한다.
- 국화를 좋아하는 사람은 해바라기도 좋아한다.
- 알로에를 좋아하는 사람은 선인장을 싫어하지 않는다.
- 해바라기를 좋아하는 사람은 진달래를 싫어한다.
- 그러므로 ______________________

① 진달래를 싫어하는 사람은 해바라기를 좋아한다.

② 선인장을 좋아하는 사람은 알로에를 싫어한다.

③ 국화를 좋아하는 사람은 진달래를 싫어한다.

④ 알로에를 좋아하지 않는 사람은 해바라기를 좋아하지 않는다.

⑤ 진달래를 좋아하는 사람은 알로에도 좋아한다.

정답 해설 국화를 좋아하는 사람 → 해바라기를 좋아하는 사람 → 진달래를 싫어하는 사람
① 명제가 참일 때 역도 반드시 참인 것은 아니다.
② '싫어하지 않는다'의 반대말은 '싫어한다'이고, '좋아한다'의 반대말은 '좋아하지 않는다'이다.

08 다음 밑줄 친 부분에 들어갈 문장으로 알맞은 것을 고르면?

- 종탁이는 준영이의 사촌 오빠이다.
- 소영이와 준영이는 자매이다.
- 미라는 종탁이의 누나이다.
- 따라서, ________________

① 미라는 준영이와 동갑이다.

② 종탁이와 소영이는 나이가 같다.

③ 미라는 소영이와 사촌 간이다.

④ 소영이는 준영이보다 나이가 많다.

⑤ 미라는 준영이보다 나이가 적다.

정답해설 종탁이는 준영이의 사촌 오빠이고, 미라는 종탁이의 누나이므로 나이 순으로 나열하면 '미라 > 종탁 > 준영'이다. 소영이의 경우, 준영이와 자매라는 것만 제시되어 있으므로 나이를 알 수 없다.

③ 미라와 종탁은 남매이고 소영과 준영은 자매인데, 종탁과 준영이 사촌지간이므로, 미라와 소영이도 사촌 간임을 알 수 있다.

09 다음 밑줄 친 부분에 들어갈 문장으로 알맞은 것을 고르면?

- 모든 TV는 어떤 DVD이다.
- 모든 비행기는 책이다.
- 모든 라디오는 비행기이다.
- 어떤 책은 TV이다.
- 그러므로 ______________________

① 어떤 책은 어떤 DVD이다.
② 모든 라디오는 어떤 DVD이다.
③ 모든 TV는 어떤 책이다.
④ 모든 라디오가 책인 것은 아니다.
⑤ 모든 라디오는 어떤 책이다.

정답 해설 첫 번째 문장 '모든 TV는 어떤 DVD이다'이고, 네 번째 문장 '어떤 책은 TV이다'이므로 '어떤 책은 어떤 DVD이다'가 성립한다.

10 다음 문장으로부터 올바르게 추론한 것을 고르면?

- 초콜릿을 좋아하는 사람은 모두 우유도 좋아한다.
- 우유를 좋아하는 사람은 모두 두유를 싫어한다.
- 연수는 초콜릿을 좋아한다.

① 연수는 두유를 좋아한다.

② 연수는 단 것을 싫어한다.

③ 연수는 두유를 싫어한다.

④ 초콜릿을 좋아하는 사람은 두유를 좋아한다.

⑤ 두유를 싫어하는 사람은 모두 우유를 좋아한다.

정답 해설 초콜릿을 좋아하는 사람은 모두 우유를 좋아하고, 우유를 좋아하는 사람은 모두 두유를 싫어한다. 따라서 초콜릿을 좋아하는 연수는 두유를 싫어한다.

11 다음 문장으로부터 올바르게 추론한 것을 고르면?

- 소담이는 진호보다 먼저 약속장소에 도착했다.
- 진호는 약속 때마다 가장 늦게 도착한다.
- 오늘 영미는 소담이보다 일찍 약속장소에 도착했다.

① 진호와 소담이 중에 누가 먼저 도착했는지 알 수 없다.

② 영미는 진호보다 약속장소에 먼저 도착했다.

③ 영미는 항상 가장 먼저 약속장소에 도착한다.

④ 진호는 오늘 가장 일찍 약속장소에 도착했다.

⑤ 소담이는 항상 약속장소에 먼저 도착한다.

진호는 약속 때마다 가장 늦게 도착한다고 하였다. 그리고 약속장소에 소담이는 진호보다 먼저, 영미는 소담이보다 일찍 도착하였으므로 영미 – 소담 – 진호 순으로 도착했다. 따라서 영미는 진호보다 먼저 약속장소에 도착했음을 알 수 있다.

12 다음 문장으로부터 올바르게 추론한 것을 고르면?

- 정희는 직업이 교사이고, 은혜는 회사원이다.
- 현우는 소설가이다.
- 창명이는 현우의 동생과 같은 직업으로 회사원이다.

① 현우의 동생은 회사원이다.

② 은혜는 현우의 동생이다.

③ 창명이와 은혜는 같은 회사에 다니고 있다.

④ 은혜와 현우의 동생은 같은 직업이지만 다른 회사에 다니고 있다.

⑤ 창명이와 현우 동생은 같은 부서에서 일한다.

창명이는 현우의 동생과 같은 직업으로 회사원이라고 했으므로 현우의 동생은 회사원이다.

정답 10 ③ | 11 ② | 12 ①

기출유형분석

⏰ 문제풀이 시간 : 15초

▶ 다음 주어진 명제를 이용하여 마지막 문장의 '참, 거짓, 알 수 없음'을 판단하시오.

- 은섭은 영업부에 근무한다.
- 태을이는 병규와 같은 부서에 근무한다.
- 기술부에 근무하는 우영이는 병규의 직속상사이다.

우영이는 태을이의 상사이다.

① 참이다　　② 거짓이다　　③ 알 수 없다

 영업부에 근무하는 것은 은섭이며, 병규와 태을, 우영이는 모두 기술부에 근무한다. 태을이는 병규와 같은 부서에 근무하는데, 우영이와 병규는 기술부에 근무하므로 태을이도 기술부에 근무한다는 것을 알 수 있다. 우영이는 병규의 상사이나, 우영이와 태을이의 경우 누가 상사인지 알 수 없다.

 **논지 전개 방식**

- **연역법** : 일반적 사실이나 원리를 전제로 하여 개별적인 특수한 사실이나 원리를 결론으로 이끌어 내는 추리 방법을 이른다. 경험에 의하지 않고 논리상 필연적인 결론을 내게 하는 것으로, 삼단논법이 그 대표적인 형식이다. ⓔ 모든 사람은 잘못을 저지르는 수가 있다. 모든 지도자도 사람이다. 그러므로 지도자도 잘못을 저지르는 수가 있다.
- **귀납법** : 개별적인 특수한 사실이나 원리를 전제로 하여 일반적인 사실이나 원리로서의 결론을 이끌어 내는 연구 방법을 이른다. 특히 인과관계를 확정하는 데에 사용된다.
  - 일반화 : 사례들을 제시한 후 그를 통해 다른 사례들도 모두 마찬가지라는 결론을 도출 ⓔ 국어는 소리, 의미, 어법의 3요소로 이루어져 있다. 영어도 마찬가지이다. 중국어도 마찬가지이다. 그러므로 모든 언어는 소리, 의미, 어법의 3요소로 이루어져 있다.
  - 유추 : 서로 다른 범주에 속하는 두 대상 간에 존재하는 유사성을 근거로 구체적 속성도 일치할 것이라는 결론을 도출 ⓔ 지구에는 생물이 산다. 화성에는 지구와 마찬가지로 공기, 육지, 물이 있다. 따라서 화성에도 생물이 살 것이다.

정답 ③

[01~08] 다음 주어진 명제를 이용하여 마지막 문장의 '참, 거짓, 알 수 없음'을 판단하시오.

총 문항 수 : 8문항 | 총 문제풀이 시간 : 2분 40초 | 문항당 문제풀이 시간 : 20초

01

- 25세인 주영은 3년씩 터울이 지는 동생이 둘 있다.
- 28세인 우경은 2년씩 터울이 지는 동생이 셋 있다.

주영의 첫째 동생과 우경의 막내 동생은 나이가 같다.

① 참이다　② 거짓이다　③ 알 수 없다

정답 해설 주영의 첫째 동생은 22세, 둘째 동생은 19세이며, 우경의 첫째 동생은 26세, 둘째 동생은 24세, 막내 동생은 22세이다. 그러므로 주영의 첫째 동생과 우경의 막내 동생은 동갑이다.

02

- 이를 닦는 사람은 청결하다.
- 세탁하지 않는 사람은 청결하다.

청결한 사람은 이를 닦는다.

① 참이다　② 거짓이다　③ 알 수 없다

정답 01 ① | 02 ③

정답 해설 청결한 사람은 이를 닦는다는 문장은 주어진 명제의 '역'에 해당하므로 항상 참인지 알 수 없다.

TIP 논리 관계

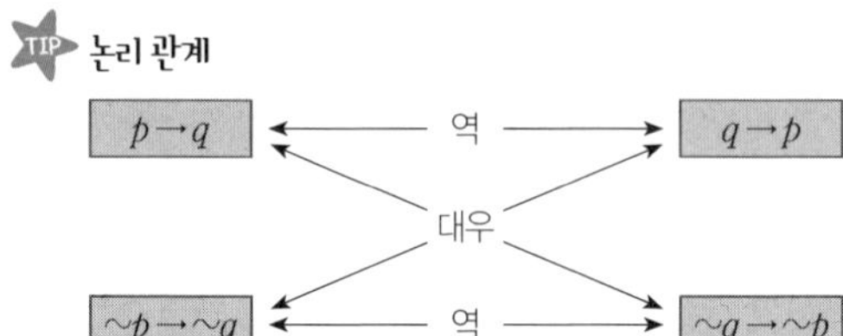

03

- 승미는 학교에 가장 먼저 도착한다.
- 영록이는 승미보다 20분 늦게 등교한다.
- 명국이는 영록이보다 10분 일찍 등교한다.

영록이가 가장 늦게 등교한다.

① 참이다　② 거짓이다　③ 알 수 없다

정답 해설 승미 – 명국 – 영록의 순으로 등교하므로 영록이가 가장 늦게 등교한다.

이 문제 중요!

04

- 일주일 중에 4일은 비가 내렸다.
- 비가 수요일부터 이틀 연달아 내렸다.
- 일요일에 비가 내리고 다음날은 맑았다.

화요일은 맑은 날씨였다.

① 참이다　　② 거짓이다　　③ 알 수 없다

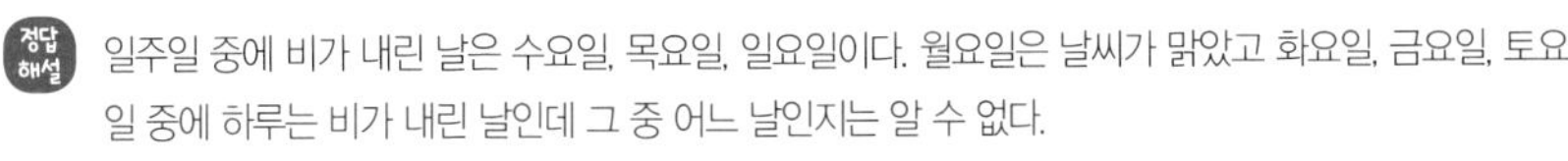

정답 해설 일주일 중에 비가 내린 날은 수요일, 목요일, 일요일이다. 월요일은 날씨가 맑았고 화요일, 금요일, 토요일 중에 하루는 비가 내린 날인데 그 중 어느 날인지는 알 수 없다.

이 문제 중요!

05

- 하늘이는 커피는 좋아하지만 녹차는 싫어한다.
- 기쁨이는 커피, 녹차, 홍차를 모두 싫어한다.
- 희망이는 녹차는 싫어하지만 홍차는 좋아한다.

하늘, 기쁨, 희망이는 모두 녹차를 싫어한다.

① 참이다　　② 거짓이다　　③ 알 수 없다

정답해설 ○ : 좋아함, × : 싫어함, ? : 알 수 없음

구분	커피	홍차	녹차
하늘	○	?	×
기쁨	×	×	×
희망	?	○	×

06

- 한 판이 8조각인 피자를 형과 나, 동생이 나누어 먹었다.
- 동생이 나보다 피자 1조각을 더 먹었다.
- 형은 나보다 피자 1조각을 더 먹었다.

나는 피자 3조각을 먹었다.

① 참이다 ② 거짓이다 ③ 알 수 없다

내가 3조각을 먹었다면 형과 동생은 각각 4조각을 먹은 것으로 이들이 먹은 피자는 모두 11조각이다. 그러나 피자 한 판은 8조각이므로 마지막 문장은 성립하지 않는다. 따라서 거짓이다.

07

- 희수는 평소 자동차를 타고 출근한다.
- 희수는 비가 오는 날에는 지하철을 이용하여 출근한다.
- 오늘은 새벽부터 비가 내려 퇴근 시간에나 그칠 것이다.

희수는 오늘 지하철을 타고 출근할 것이다.

① 참이다 ② 거짓이다 ③ 알 수 없다

오늘은 새벽부터 비가 내리고 있고, 희수는 비가 오는 날에는 지하철을 이용하여 출근한다고 했으므로 희수는 오늘 지하철을 타고 출근할 것이다.

08

- A는 C의 이모다.
- D는 A의 아버지다.
- B는 C의 아버지다.

B는 D의 아들이다.

① 참이다 ② 거짓이다 ③ 알 수 없다

B는 D의 사위이다.

정답 06 ② | 07 ① | 08 ②

[09~10] 주어진 명제를 이용하여 문장의 '참, 거짓, 알 수 없음'을 판단하시오.

총 문항 수 : 2문항 | 총 문제풀이 시간 : 40초 | 문항당 문제풀이 시간 : 20초

- A회사에선 일주일에 3일은 업무, 2일은 휴식, 2일은 여행을 한다.
- 비오기 전날은 여행하지 않는다.
- 비오는 날은 업무를 보지 않는다.
- 이번 주 화요일, 목요일, 토요일에 비가 왔다.
- 일요일은 항상 휴식을 취한다.

09 업무를 보는 날은 월요일, 수요일, 금요일이다.

① 참이다 ② 거짓이다 ③ 알 수 없다

	월	화	수	목	금	토	일
비							
업무	○	×	○	×	○	×	×
휴식	×		×		×		○
여행	×		×		×		

10 이번 주 목요일과 토요일에 여행을 간다.

① 참이다 ② 거짓이다 ③ 알 수 없다

정답 해설 휴식을 취하는 날을 확실히 알 수 없으므로 화요일, 목요일, 토요일 중에서 언제 여행을 갈지는 알 수 없다.

기출유형분석

문제풀이 시간 : 50초

▶ 한 도시에 A, B, C, D, E 다섯 개의 마트가 있다. 다음의 조건에 따를 때 문을 연 마트는?

- A와 B 모두 문을 열지는 않았다.
- A가 문을 열었다면, C도 문을 열었다.
- A가 문을 열지 않았다면, B가 문을 열었거나 C가 문을 열었다.
- C는 문을 열지 않았다.
- D가 문을 열었다면, B가 문을 열지 않았다.
- D가 문을 열지 않았다면, E도 문을 열지 않았다.

① A　② B

③ A, E　④ D, E

⑤ B, D, E

조건에 따라 문을 연 마트를 찾으면 다음과 같다.

- 네 번째 조건에 따라 C는 문을 열지 않았다.
- 두 번째 조건의 대우인 'C가 문을 열지 않았다면 A도 문을 열지 않았다'가 참이 되므로, A는 문을 열지 않았다는 것을 알 수 있다.
- A와 C가 문을 열지 않았으므로, 세 번째 조건에 따라 B가 문을 열었다는 것을 알 수 있다.
- 다섯 번째 조건의 대우인 'B가 문을 열었다면 D는 문을 열지 않았다'가 참이 되므로, D는 문을 열지 않았다는 것을 알 수 있다.
- 여섯 번째 조건에 따라 E도 문을 열지 않았다.

따라서 문을 연 마트는 B 하나뿐이다.

정답 ②

정답 09 ① | 10 ③

[01~12] 다음 물음에 대한 알맞은 답을 고르시오.

총 문항 수 : 12문항 | 총 문제풀이 시간 : 10분 | 문항당 문제풀이 시간 : 50초

01 버스 정류장에 세 학생이 나란히 서 있다. 세 학생은 임의의 순서로 각각 단색, 체크무늬, 줄무늬 티셔츠를 입고 있으며, 각기 다른 종류의 신발을 신고 있다. 맞은편에서 학생들을 바라 본 상황이 다음과 같을 때 이에 맞추어 사실을 말하고 있는 것은?

- 미영은 양준의 바로 왼쪽에 서 있다.
- 미영은 운동화를 신고 있다.
- 샌들을 신은 학생은 슬리퍼를 신은 학생의 바로 오른쪽에 서 있다.
- 현만이 입고 있는 티셔츠는 줄무늬가 아니다.
- 줄무늬 티셔츠를 입은 학생과 단색 티셔츠를 입은 학생은 서로 떨어져 있다.

① 양준은 단색 티셔츠를 입고 있다.
② 현만은 슬리퍼를 신고 있다.
③ 현만은 체크무늬 티셔츠를 입고 있다.
④ 양준은 샌들을 신고 있다.
⑤ 미영은 줄무늬 티셔츠를 입고 있다.

- 미영은 양준의 바로 왼쪽에 서 있다.
- 미영은 운동화를 신고 있다.

미영	양준	
운동화		

또는

	미영	양준
	운동화	

- 샌들을 신은 학생은 슬리퍼를 신은 학생의 바로 오른쪽에 서 있다.

미영	양준	
운동화	슬리퍼	샌들

• 현만이 입고 있는 티셔츠는 줄무늬가 아니다.
• 줄무늬 티셔츠를 입은 학생과 단색 티셔츠를 입은 학생은 서로 떨어져 있다.

미영	양준	현만
운동화	슬리퍼	샌들
줄무늬	체크무늬	단색

02 **어느 종합병원은 월요일에서 금요일까지 5일 동안 진료한다. 내과는 월요일과 수요일에 진료한다. 평일에 이틀 진료하는 외과는 내과가 진료하는 날에는 진료하지 않으며, 이틀을 연속해서 진료하지 않는다. 안과는 외과가 진료하는 날에는 진료하지 않으며, 내과와는 하루가 겹치는데 이틀을 연속해서 진료하지 않는다. 그렇다면 안과가 진료할 수 없는 요일은?**

① 월요일
② 화요일
③ 수요일
④ 목요일
⑤ 금요일

정답 해설 외과는 내과가 진료하는 날에는 진료하지 않으므로 화요일, 목요일, 금요일에 진료할 수 있으나, 이틀을 연속해서 진료하지 않으므로 화요일과 목요일, 화요일과 금요일에 진료할 수 있다. 안과는 외과가 진료할 수 있는 날에는 진료하지 않으므로 외과가 반드시 진료하는 화요일에는 진료할 수 없다.

○ : 진료함, × : 진료하지 않음, ? : 알 수 없음

구분	월	화	수	목	금
내과	○		○		
외과		○		?	?
안과	?	×	?	?	?

03 갑, 을, 병, 정, 무는 흰색, 분홍색, 노란색, 파란색, 검정색의 옷을 입고 있다. 다섯 명의 상의 색과 하의 색은 겹치지 않는다. 또한 각자가 입고 있는 상의와 하의의 색도 겹치지 않는다면 정이 입고 있는 하의 색은 무엇인가?

- 병은 분홍색 상의와 흰색 하의를 입고 있다.
- 갑의 상의 색과 병의 하의 색은 같다.
- 정은 파란색 상의를 입고 있으며, 병의 옷 색과 겹치지 않는다.
- 무는 검정색 하의를 입고 있으며, 갑의 옷 색과 겹치지 않는다.
- 을은 검정색 상의를 입고 있으며, 정의 옷 색과 겹치지 않는다.

① 흰색　　② 분홍색
③ 파란색　　④ 검정색
⑤ 노란색

구분	상의	하의
갑	흰색	파란색
을	검정색	분홍색
병	분홍색	흰색
정	파란색	노란색
무	노란색	검정색

04 고등학교 선후배 사이인 정호, 진수, 영진은 모두 성(김씨, 이씨, 박씨)이 다르며 변호사, 교사, 공무원으로 각자 하는 일도 다르다. 이들 중 두 명의 나이는 27세, 나머지 한 사람의 나이는 28세일 때 이들의 성씨, 나이, 이름, 직업이 올바르게 연결된 것을 고르면?

- 정호는 교사인 사람과 나이가 같다.
- 이씨는 박씨보다 나이가 어리며 정호와 동갑이다.
- 변호사는 영진에게 형이라고 한다.

① 김씨 – 27세 – 정호 – 공무원
② 이씨 – 27세 – 진수 – 교사
③ 이씨 – 28세 – 진수 – 변호사
④ 박씨 – 27세 – 영진 – 공무원
⑤ 김씨 – 28세 – 영진 – 교사

정답해설 문제와 제시된 조건에 따라 살펴보면 다음과 같다.
세 번째 조건에 따라 영진은 28세이며, 직업은 교사 또는 공무원이라는 것을 알 수 있다. 정호와 진수는 27세이며, 한 사람은 변호사이다.
첫 번째 조건에 의해 정호는 변호사이며, 진수는 교사, 영진이는 공무원이라는 것을 알 수 있다.
두 번째 조건에 의해 영진이는 박씨이며, 진수는 이씨, 정호는 김씨라는 것을 알 수 있다.
따라서 이를 정리하면 '김정호 – 27세 – 변호사', '이진수 – 27세 – 교사', '박영진 – 28세 – 공무원'이 된다.

이 문제 중요!

05 다음 주어진 진술만을 가지고 판단할 때 항상 옳은 것은?

- A는 B의 장모이다.
- B와 C는 부부이다.
- C는 D의 어머니이다.
- E는 A의 외손녀이다.
- C는 외동딸이다.

① D와 E는 남매이다.

② B는 E의 아버지이다.

③ C는 A의 사위이다.

④ A는 D의 친할아버지이다.

⑤ D는 여자이다.

주어진 조건으로 B와 C는 부부이며 A는 C의 어머니, D와 E는 B와 C의 자녀임을 알 수 있다. 또한 B는 남자, A, C, E는 여자이며, D의 성별은 판단할 수 없다.

① 주어진 조건만으로는 판단할 수 없다.

③ C는 A의 외동딸이다.

④ A는 E와 D의 외할머니이다.

06 5층짜리 건물에 A, B, C, D, E의 5개의 상가가 들어서려고 한다. 다음 조건에 따라 한 층에 하나의 상가만이 들어설 수 있다. 주어진 조건을 만족시켰을 때 보기 중 반드시 참인 것은?

- B는 A의 바로 위층에 있다.
- C는 4층에 있다.
- D, E는 서로 인접한 층에 자리할 수 없다.

① C가 4층이면 E는 A보다 무조건 위층에 있다.
② C가 4층이면 A는 5층에 있다.
③ C가 4층이면 D는 1층에 올 수 없다.
④ C가 4층이면 B는 2층 혹은 3층에 있다.
⑤ C가 4층이면 E는 반드시 3층 혹은 5층에 있다.

5층	E	D	E	D
4층	C	C	C	C
3층	D	E	B	B
2층	B	B	A	A
1층	A	A	D	E

조건에 따르면 위 표처럼 되므로 C가 4층에 있을 때 A는 1층 혹은 2층, B는 2층에 있거나 3층에 자리하게 된다.

정답 05 ② | 06 ④

07 다음 제시된 정보를 바탕으로 추론했을 때 참인지 거짓인지 알 수 없는 것은?

- 현대빌라의 주민들은 모두 A의 친척이다.
- B는 자식이 없다.
- C는 A의 오빠이다.
- D는 현대빌라의 주민이다.
- A의 아들은 미국에 산다.

① A의 아들은 C와 친척이다.
② A는 여자이다.
③ B는 현대빌라의 주민이다.
④ A와 D는 둘 다 남자이다.
⑤ D는 A와 친척 간이다.

③ 주어진 명제만으로는 판단할 수 없다.
①, ②, ⑤ 참인 명제이다.
④ A는 여자이므로 거짓인 명제이다.

08 다음 조건을 읽고 옳은 것을 고르면?

- A, B, C, D, E는 5층인 아파트에 함께 살고 있다.
- A는 5층에 살고 있다.
- A, B, D는 순서대로 서로 같은 간격을 유지하고 있다.
- C는 E보다 위층에 살고 있다.

① B는 D보다 아래층에 산다.
② E는 3층에 산다.
③ B는 제일 아래층에 산다.
④ B는 C보다 아래층에 산다.
⑤ D는 짝수층에 산다.

정답 해설 A, B, C, D, E는 5층인 아파트에 함께 살고 있다. A와 B는 같은 간격을 유지하고 있고, B와 D도 같은 간격을 유지하고 있다. A, B, D는 이 순서를 유지한다.

- A는 5층에 살고 있다.

5	A
4	
3	B
2	
1	D

또는

5	A
4	B
3	D
2	
1	

- C는 E보다 위층에 살고 있다.

5	A
4	C
3	B
2	E
1	D

또는

5	A
4	B
3	D
2	C
1	E

④의 경우 언제나 옳은 것은 아니지만, 경우에 따라 가능하다.

정답 07 ③ | 08 ④

09 세 음식점 A, B, C는 직선도로를 따라 서로 이웃하고 있다. 이들 음식점 간판의 색깔은 빨강, 파랑, 분홍이며 직선도로에 서서 음식점을 바라볼 때 다음과 같이 되어 있다. 다음 중 옳은 것은?

- 분홍색 간판은 오른쪽 끝에 있는 음식점의 것이다.
- B 음식점은 A 음식점의 왼쪽에 있다.
- C 음식점의 간판은 빨간색이다.

① A 음식점의 간판은 파랑색이다.

② B 음식점의 간판은 분홍색이다.

③ C 음식점은 맨 왼쪽에 위치한다.

④ A 음식점은 가운데에 위치한다.

⑤ 음식점 간판의 색깔 순서는 왼쪽에서부터 파랑, 분홍, 빨강 순이다.

- 분홍색 간판은 오른쪽 끝에 있는 음식점의 것이다.

		분홍

- B 음식점은 A 음식점의 왼쪽에 있다.

		분홍
B 음식점	A 음식점	

또는

		분홍
	B 음식점	A 음식점

- C 음식점의 간판은 빨간색이다.

빨강	파랑	분홍
C 음식점	B 음식점	A 음식점

이 문제 중요!

10 다음과 같이 다섯 개의 기호 ♠, ◇, ♣, ☆, ◆를 일렬로 배치했을 때 항상 옳은 것은?

- ◇는 ♠보다 오른쪽에 있다.
- ♠는 왼쪽에서 두 번째에 위치한다.
- ♣와 ☆는 이웃해 있다.

① ◇는 정중앙에 있다.
② ◆는 가장 왼쪽에 있다.
③ ☆은 가장 오른쪽에 있다.
④ ♣와 ☆은 각각 3, 4번째에 있다.
⑤ ☆은 반드시 ◇의 오른쪽에 위치한다.

정답 해설

첫 번째	두 번째	세 번째	네 번째	다섯 번째
◆	♠	◇	♣ 혹은 ☆	☆ 혹은 ♣
◆	♠	♣ 혹은 ☆	☆ 혹은 ♣	◇

11 민애, 장우, 호정, 도현은 신제품의 반응을 조사하기 위해 통행인이 많은 네 지역으로 외근을 나갔다. 각자의 선호도에 따라 외근 지역을 정한다고 할 때, 각자의 외근 지역을 바르게 짝지은 것은?

- 민애는 코엑스를 좋아하지 않지만 종로는 좋아한다.
- 장우는 홍대 앞을 좋아한다.
- 호정은 명동을 별로 싫어하지 않지만 종로는 싫어한다.
- 도현은 명동을 싫어한다.

① 민애 : 홍대 앞　　② 장우 : 명동
③ 호정 : 종로　　④ 도현 : 코엑스
⑤ 민애 : 명동

정답 해설

	민애	장우	호정	도현
코엑스	×			
홍대 앞		○		
종로	○		×	
명동			△	×

이 문제 중요!

12 색깔이 다른 5개의 선물 상자가 있다. 선물을 준비한 사람이 남긴 쪽지에 따라 자신이 원하는 선물을 받고자 한다. 다음 중 상자와 그 안에 들어 있는 선물을 바르게 짝지은 것은?

- 모자는 노란색 상자나 파란색 상자에 들어 있다.
- 책은 초록색 상자나 빨간색 상자에 들어 있다.
- 옷은 흰색 상자나 노란색 상자에 들어 있다.
- 구두는 파란색 상자나 빨간색 상자에 들어 있다.
- 화장품은 흰색 상자에 들어 있다.

① 빨간색 상자 : 책
② 빨간색 상자 : 옷
③ 파란색 상자 : 모자
④ 노란색 상자 : 모자
⑤ 파란색 상자 : 구두

초록색	빨간색	파란색	노란색	흰색
책	구두	모자	옷	화장품

정답 11 ④ | 12 ③

[13~18] 다음 지문에 해당하는 논리적 오류를 고르시오.

총 문항 수 : 6문항 | 총 문제풀이 시간 : 2분 | 문항당 문제풀이 시간 : 20초

13

꿈은 무의식의 세계이다. 인생은 한낱 꿈에 불과하다. 그러므로 인생은 무의식의 세계이다.

① 합성의 오류
② 분할의 오류
③ 복합 질문의 오류
④ 애매어의 오류
⑤ 잘못된 유추의 오류

정답 해설 '꿈'이라는 말의 의미를 혼용하여 생기는 '애매어의 오류'를 범하고 있다.

14

어떤 생명공학자는 세계 최초로 인간 체세포의 핵을 인간 난자에 주입해 핵이식 난자를 만든 다음, 전기자극을 통해 세포분화를 유도함으로써 배반포 단계까지 발육시키는 데 성공하였다. 그러나 그 생명공학자는 논문의 작성 과정과 내용에 조작 의혹이 제기되어 연구가 중단된 적이 있다. 따라서 그가 발표한 결과는 믿을 수가 없다.

① 우연의 오류
② 애매어 사용의 오류
③ 인신 공격의 오류
④ 흑백 논리의 오류
⑤ 성급한 일반화의 오류

정답 해설 제시문은 어떤 사람의 인품, 직업, 과거의 정황 등을 트집 잡아 비판하는 '인신 공격의 오류'를 범하고 있다.

15

왕이 음악을 듣고 크게 기뻐하자, "가야는 이미 망한 나라인데, 그 나라의 음악을 취하는 것은 온당치 못한 일입니다." 하고 신하들이 간언하였다.

① 도박사의 오류
② 전건 부정의 오류
③ 연민에 호소하는 오류
④ 발생학적 오류
⑤ 무지에 호소하는 오류

정답 해설 제시문은 어떤 사실이나 이념 또는 사물의 기원을 그것의 속성으로 잘못 생각하여 발생하는 '발생학적 오류'를 범하고 있다.

16

한 가정의 생활비 중 50% 가까이를 사교육비로 지출하는 게 우리나라요, 한 나라에서 17조 원에 달하는 돈이 사교육비로 든다는 것이 우리의 현실이다. 따라서 한 가정의 생활비 중에서 사교육비가 차지하는 비중을 줄여야만 우리의 교육이 선진화될 수 있다.

① 공통 원인의 오류
② 의도 확대의 오류
③ 성급한 일반화의 오류
④ 원칙 혼동의 오류
⑤ 잘못된 인과 관계의 오류

정답 해설 지문은 인과 관계가 없는 두 사건이 시간상으로 동시에 또는 선후 관계가 성립한다는 이유로 한 사건이 다른 사건의 원인이라고 규정할 때 생기는 '잘못된 인과 관계의 오류'를 범하고 있다.

정답 13 ④ | 14 ③ | 15 ④ | 16 ⑤

17

이 가방은 값이 싸다. 값이 비싼 것은 쉽게 망가지지 않는다. 그러므로 이 가방은 쉽게 망가질 것이다.

① 합성의 오류
② 은밀한 재정의의 오류
③ 우연의 오류
④ 순환 논증의 오류
⑤ 원인 오판의 오류

정답 해설 '값이 싸다'라는 단어의 의미를 쉽게 망가지는 '싸구려'라는 의미로 자의적으로 재정의함으로써 생기는 '은밀한 재정의의 오류'를 범하고 있다.

18

내가 가고 싶은 곳이 프랑스라면 나는 여행을 하고 싶은 것이다. 그러나 내가 지금 가고 싶은 곳은 프랑스가 아니다. 그러므로 나는 지금 여행을 가고 싶은 것이 아니다.

① 애매문의 오류
② 분해의 오류
③ 의도 확대의 오류
④ 전건 부정의 오류
⑤ 강조의 오류

정답 해설 전건 부정에서 후건 부정을 타당한 결론으로 받아들이는 '전건 부정의 오류'를 범하고 있다.

기출유형분석

⏰ 문제풀이 시간 : 50초

▶ 다음 제시된 오류와 관련이 있는 것은?

김소월은 한국인의 전통적 정서와 율격이 혼연 일체가 된 민요시를 써서 수많은 독자를 사로잡은 민족 시인이다. 그러나 애석하게도 그는 서른두 살의 나이로 죽었다. '메밀꽃 필 무렵'이란 작품을 발표하여 산문인 소설을 시의 경지에까지 끌고 갔다는 평을 받는 이효석도 삼십 대의 나이에 세상을 떠나고 말았다. 뿐만 아니라, 1935년에 조선일보 신춘문예에 '소낙비'가 당선되어 문단에 나온 김유정도 약 2년여 동안 주옥같은 작품들을 왕성하게 발표하였으나, 결국은 서른 살에 병사(病死)하고 말았다. 이러한 사실들로 미루어 볼 때, 천재성을 발휘하는 작가들은 요절(夭折)한다는 말이 과히 틀린 말은 아닌 것 같다.

① 너는 이제 누이동생과 다투는 일을 그만 두었느냐?

② 당신은 참 훌륭한 선수야. 그러니 당신의 야구단도 매우 훌륭한 팀일 거야.

③ 귀신은 분명히 있어. 귀신이 없다고 증명한 사람이 이제까지 없었거든.

④ 구름은 수증기의 응결체이다. 수증기의 입자는 너무 작아서 눈에 보이지 않으므로 구름도 눈에 보이지 않는다.

⑤ 걸인들은 동정을 받을수록 점점 게을러질 뿐이야. 내가 지금까지 세 사람에게 동정을 베푼 적이 있는데, 셋 다 그랬거든.

지문은 소수의 사례로부터 '천재성을 발휘하는 문학가는 요절한다.'라는 성급한 일반화의 오류를 범하고 있다. 이와 같은 오류를 범하고 있는 것은 ⑤이다.

핵심 정리 **논리적 오류**

- **심리적 오류** : 논지에 대해 심리적으로 설득시키려 할 때 범하는 오류
  - 감정에의 호소 : 동정, 연민, 공포, 증오 등의 감정에 호소해서 논지를 받아들이게 하는 오류
  - 사적 관계에의 호소 : 정 때문에 논지를 받아들이게 하는 오류
  - 군중에의 호소 : 군중 심리를 자극하여 논지를 받아들이게 하는 오류
  - 부적합한 권위에의 호소 : 논지와 직접적인 관련이 없는 권위자의 견해를 근거로 신뢰하게 하는 오류
  - 인신공격 : 주장하는 사람의 인품, 직업, 과거 정황을 트집 잡아 비판하는 오류

정답 17 ② | 18 ④

– 원천 봉쇄의 오류 : 반론의 가능성이 있는 요소를 원천적으로 비난하여 봉쇄하는 오류

- **자료적 오류** : 자료(논거)에 대해 잘못 판단할 때 범하는 오류
  – 성급한 일반화의 오류 : 제한된 정보, 부적합한 증거, 대표성을 결여한 사례를 근거로 일반화하는 오류
  – 잘못된 유추의 오류 : 비유를 부당하게 적용함으로써 발생하는 오류
  – 무지에의 호소 : 증명할 수 없거나 알 수 없음을 들어 거짓이라고 추론하는 오류
  – 논점 일탈의 오류 : 논점과 관계없는 것을 제시하여 무관한 결론에 이르게 되는 오류
- **언어적 오류** : 언어를 잘못 사용하여 범하는 오류
  – 애매어의 오류 : 둘 이상의 의미를 가진 말을 애매하게 사용함으로써 생기는 오류
  – 은밀한 재정의의 오류 : 용어의 의미를 자의적으로 재정의하여 사용함으로써 생기는 오류
  – 애매문의 오류 : 어떤 문장의 의미가 두 가지 이상으로 해석되는 오류
  – 강조의 오류 : 문장의 어느 한 부분을 강조하여 발생하는 오류
  – 사용과 언급을 혼동하는 오류 : 사용한 말과 언급한 말을 혼동해서 생기는 오류

정답 ⑤

[19~24] 다음 제시된 오류와 관련이 있는 것은?

총 문항 수 : 6문항 | 총 문제풀이 시간 : 3분 | 문항당 문제풀이 시간 : 30초

19

친구가 아니면 적(敵)이다.

① 남을 위해 살아 봐야 알아주지도 않으니 나만을 위해 살겠다.

② 제정신을 가진 사람이라면 우리의 제안을 반대하지 않을 것이다.

③ 인기 있는 배우들이 출연하는 영화는 모두 재미있다.

④ 한식집의 김치가 맛있으면 그 집의 다른 음식도 맛있다.

⑤ 컴퓨터와 사람은 유사한 점이 많으니 컴퓨터도 사람처럼 감정을 느낄 것이다.

지문은 흑백사고의 오류이다.
① 흑백 사고의 오류
② 원천 봉쇄의 오류
③ · ④ 결합 · 분해의 오류
⑤ 잘못된 유추의 오류

20

김○○은 전라도 지역 대통령 후보입니다. 우리가 이번 선거에서 김○○을 뽑아주지 않는다면 어느 지역에서 뽑아주겠습니까?

① 불쌍한 어린 생명들이 죽어가고 있습니다. 우리 모두 헌혈에 동참합시다.
② 이 최신 휴대폰은 다양한 기능이 있어. 대학가에서 이 휴대폰을 사지 않은 학생이 없을 정도라니까.
③ 당신은 내 아내야. 그러므로 당신이 나를 전적으로 믿고 따라주지 않으면 나는 세상을 살아갈 힘이 없어.
④ 그 정치인은 우리의 좋은 친구임에 틀림없다. 그가 우리에게 직접 그렇게 말했으니까. 그리고 그 좋은 친구가 우리에게 거짓말을 할 리 없을 테니까.
⑤ 이 아파트가 얼마나 좋은 아파트인 줄 아니? 톱스타 ○○○도 몇 년 째 이 아파트에서 살잖아?

지문은 사적 관계의 호소에 의한 오류이다.
③ 사적 관계의 호소에 의한 오류
① 감정의 호소에 의한 오류
② 군중에 호소하는 오류
④ 순환 논증의 오류
⑤ 부적합한 권위에 호소하는 오류

21

그들은 제가 마치 뛰어난 웅변가나 되는 것처럼 말하였습니다. 그러나 저는 대단한 웅변가가 아닙니다. 이 점으로 보아 그들을 완전히 거짓말쟁이라고 하지 않을 수 없습니다.

① 그 남자는 미남이 아니다. 그러므로 그는 추남임이 틀림없다.

② 이제는 정말 날 좋아하는 거지?

③ 김 씨는 어제 회사에 1시간이나 늦게 왔다. 이로 보아 그는 결코 신용할 수 없는 사람이다.

④ 내 충고를 받아들이지 않으면 차후에 일어나는 모든 사태의 책임은 너에게 있음을 분명히 해 두자.

⑤ 너희들은 왜 먹을 것을 가지고 싸우니? 빨리 방에 들어가서 공부나 해!

정답해설 지문은 성급한 일반화의 오류이다.

③ 성급한 일반화의 오류

① 흑백 사고의 오류

② 복합 질문의 오류

④ 공포 · 위력 등 감정에 호소하는 오류

⑤ 논점 일탈의 오류

22

"청소년들의 자살 문제가 아주 심각합니다. 여러분께서는 이 문제를 해결하기 위하여 어떻게 해야 한다고 생각하십니까?"

"자살은 주위의 사람들을 슬프게 하고 그 자신을 낳아 주시고 길러 주신 부모님에 대한 예의가 아니라고 생각합니다. 따라서 자살은 어떻게 해서든지 막아야 한다고 봅니다."

① 너는 말을 논리적으로 하니 네 말이 옳아. 그런데, 내 책은 언제 돌려 줄거니? 논리적인 사람이 왜 그렇게 행동하니?

② 뇌사를 사망으로 인정해야 할지, 어떨지 알 수가 없어요. 그러나 교황께서 뇌사를 인정하시지 않으니 뇌사를 사망으로 보는 것은 옳지 않다고 생각합니다.

③ 저는 좀 더 많은 월급을 받아야 한다는 것을 아실 수 있을 것입니다. 저에게는 양육해야 할 어린 자식들이 여럿 있고, 아내마저 건강이 좋지 않기 때문입니다.

④ 등산은 건강에 좋은 운동이다. 그러므로 심장이 좋지 않은 은희는 매일 아침 가파른 산을 오르내리면서 심장을 튼튼하게 하는 것이 좋다.

⑤ 현대는 경쟁 사회이다. 이 시대에 내가 살아남기 위해서는 남이 나를 쓰러뜨리기 전에 내가 남을 쓰러뜨려야 한다.

정답 해설 지문은 청소년 자살 문제의 해결 방안을 찾는 것이 논점인데, 그 해결 방안의 제시 없이 자살이 옳지 않으므로 막아야 한다는 것만 주장하고 있으므로, 논점 일탈의 오류이다.

① 논점 일탈의 오류
② 권위에의 호소
③ 연민에의 호소
④ 우연의 오류
⑤ 흑백 논리의 오류

정답 21 ③ | 22 ①

23

오늘날 많은 나라에서 사형제도가 그대로 유지되는 것은 사형이 곧 복수(復讐)이기 때문이다. 정부나 사회가 피해자의 대리로서 범인에게 복수한다는 것이다. 그러나 그것은 복수로서는 지나친 감이 있다. 왜냐하면 사형수는 선고가 내려진 순간부터 죽음보다 더 무거운 고뇌를 경험해야 하며, 그의 근친은 사회에서 냉대를 받아야 하기 때문이다.

또한 피해자의 대리격인 정부나 사회가 결코 무죄하다고 할 수는 없으며, 범죄에 대해서 큰 책임이 있다. 나쁜 정치가는 범인 못지않게 악질이며, 정치는 범죄를 자극한 책임이 있는 것이다. 가령, 프랑스에서 살인을 범한 자는 대개가 음주자의 아들이거나 알코올중독자이지만, 정부는 주세를 많이 징수하기 위해서 음주를 권하고 있다. 즉, 자기들에게 이익을 주는 자를, 더욱 죄를 범하게 하여 그들을 죽인다.

① 너는 뭘 잘했다고 그래? 영어 시험 점수는 나보다 형편없으면서.

② 소금을 많이 먹으면 혈압이 높아져 죽을 확률이 높아진다는 것도 모르니?

③ 오늘은 운전면허 시험을 보지 않는 게 좋겠어. 간밤에 넘어지는 꿈을 꾸었거든.

④ 그녀는 언제나 차분하고 예뻐서, 이 일도 책임감 있게 잘 처리할 것 같아.

⑤ 커피와 사람은 유사한 점이 많아. 그러니 커피도 사람처럼 따뜻한 온기를 품고 있는 거야.

지문은 의도하지 않은 결과나 행위에 대해 의도가 작용했다고 보는 의도 확대의 오류이다.

② 의도 확대의 오류

① 역공격의 오류

③ 인과관계의 오류

④ · ⑤ 잘못된 유추의 오류

24

여기 아폴로 신전 저 안쪽 지성소에는 아폴로의 왕좌인 삼각형의 청동제 제단이 있었는데, 그 위에는 50세가 넘은 농부 여인을 여사제를 삼아 앉혔다고 한다. 신탁 받을 우선권을 얻으려는 자들은 양이나 염소, 그 밖의 동물을 제물로 바치고, 길조이면 지성소 가까이에 있는 방에서 자기 차례를 기다렸다는 것이다. 그들은 납판대에 자기들의 문제를 써서 제출하기로 되어 있었는데, 그 당시 사용했던 그런 납판대가 많이 발견됐다고 한다. 여사제는 앉기 전에 카스타리아 샘에서 목욕을 하고 카소티스의 샘물을 마신 뒤 월계수 잎을 씹고 나서 틈 사이로 뿜어 나오는 연기에 도취되어, 말의 연결이 잘 안 되는 어구들을 중얼거리면 기다리고 있던 승려가 이를 번역하는데, 이 글이 애매하기로 유명하였다.

그 대표적인 예가 리디아의 왕 크로이소스가 600파운드나 되는 황금 사자를 제물로 드리고 받았다는 신탁이다. 왕은 페르시아와 전쟁을 해야 할지 말아야 할지를 결정하려고 신탁을 구하게 되었다. 그런데 "만일, 그가 페르시아와의 전쟁을 한다면, 그는 대국(大國)을 멸망시킬 것이다."라는 신탁이 내려졌다고 한다.

그리하여 크로이소스는 페르시아를 섬멸시키려는 전쟁을 일으켰으나 패했다. 그 후, 고생 끝에 그 곳을 다시 찾아와 그 신탁에 대하여 항의하게 되었다. 그랬더니 그 항의를 받은 승려는 위의 신탁을 곰곰이 생각하고 나서, 그 신탁은 틀림없이 맞았다는 것이다. 즉, "크로이소스는 분명히 대국을 멸했다. 그의 왕국 리디아는 대국이었으며, 그 대국을 멸했으니 말이다."

① 이 학습서는 우리나라 제일의 국어 학습서야. 이 책은 서한샘 선생이 쓴 책이거든.
② 그의 논문은 믿을 수 없다. 왜냐하면 그는 지난번에 학생 식당에 식대를 지불하지 않았기 때문이다.
③ 수증기는 물의 입자이다. 물의 입자는 너무 작아서 육안으로 볼 수 없다. 그러므로 수증기는 눈에 보이지 않는다.
④ '그는 양이 크다.'고 말한 것은, 그의 식사량이 크다는 것이 아니었다. 그의 마음이 넓은 것을 말한 것이다.
⑤ 산소는 불이 잘 타게 하는 성질을 가지고 있지. 물은 산소와 수소로 되어 있잖아. 그러니 물도 불이 타게 하는 성질을 갖고 있어.

지문은 '대국'이 어느 나라를 가리키고 있는지 애매하여 크로이소스는 잘못된 판단을 내렸다.

④ 애매어의 오류

① 권위에의 호소

② 어떤 사람의 직책, 직업, 나이, 행적 등의 정황을 논리적 근거로 내세움으로써 발생하는 인신공격의 오류

③ 결합, 분해의 오류

⑤ 부분의 속성을 전체도 가진다고 단정하는 데서 생기는 합성의 오류

소요시간		채점결과	
목표시간	24분 20초	총 문항수	46문항
실제 소요시간	( )분 ( )초	맞은 문항 수	( )문항
초과시간	( )분 ( )초	틀린 문항 수	( )문항

수리력

2DAY

수리력

1. 수열 추리

기출유형분석

문제풀이 시간 : 45초

▶ 다음 보기에서 일정한 규칙으로 수를 나열할 때, ( ) 안에 들어갈 알맞은 수를 고르시오.

01

10 2 8 7 6 12 4 ( )

① 3
② 5
③ 11
④ 17
⑤ 19

정답해설

10 2 8 7 6 12 4 ( ) (−2, −2, −2 / +5, +5, +5)

$\therefore (\ ) = 17$

02

16 8 9 24 12 6 2 ( ) 4

① −12
② −16

③ -18 ④ -20

⑤ -22

정답 해설 $\underline{A\ \ B\ \ C} \rightarrow (A-B)\times C=72$

$(16-8)\times 9=72$

$(24-12)\times 6=72$

$\{2-(\ \ )\}\times 4=72$

$\therefore (\ \ )=-16$

03

53	55	56	58	61	63	( )

① 58 ② 68

③ 83 ④ 91

⑤ 100

정답 해설

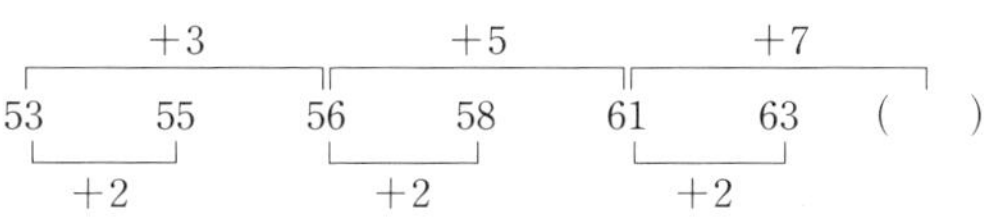

$\therefore (\ \ )=68$

정답 01 ④ | 02 ② | 03 ②

[01~06] 다음 보기에서 일정한 규칙으로 수를 나열할 때, (　) 안에 들어갈 알맞은 수를 고르시오.

총 문항 수 : 6문항 | 총 문제풀이 시간 : 2분 30초 | 문항당 문제풀이 시간 : 20~30초

01

5　26　5　　6　19　(　　)　　7　22　3

① 1　　② 2
③ 3　　④ 4
⑤ 5

정답해설

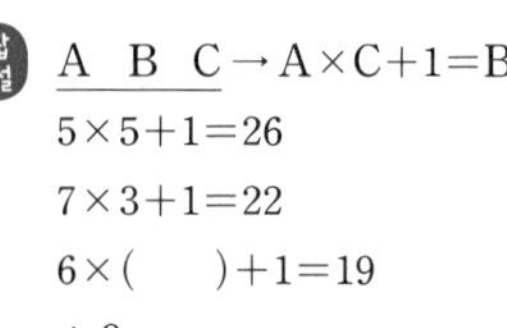

A　B　C → A×C+1=B

5×5+1=26

7×3+1=22

6×(　　)+1=19

∴ 3

02

3　3　12　　4　5　25　　5　7　(　　)

① 41　　② 42
③ 43　　④ 44
⑤ 45

정답 해설 $\underline{A \quad B \quad C} \rightarrow A \times B + B = C$

$3 \times 3 + 3 = 12$

$4 \times 5 + 5 = 25$

$5 \times 7 + 7 = (\quad)$

$\therefore 42$

이 문제 중요!

03

$\underline{3 \quad 5 \quad 6} \qquad \underline{4 \quad 8 \quad 4} \qquad \underline{7 \quad (\quad) \quad 8}$

① −1 ② −2

③ −3 ④ −4

⑤ −5

정답 해설 $\underline{A \quad B \quad C} \rightarrow (A + B) \times C = 48$

$(3 + 5) \times 6 = 48$

$(4 + 8) \times 4 = 48$

$(7 + (\quad)) \times 8 = 48$

$\therefore -1$

04

2 3 25　　5 7 144　　9 (　　) 289

① 7　　② 8

③ 9　　④ 10

⑤ 11

정답 해설

A B C → $(A+B)^2=C$

$(2+3)^2=25$

$(5+7)^2=144$

$(9+(\quad))^2=289$

$\therefore 8$

05

13 (　　) 25　　8 4 16　　7 1 36

① 4　　② 5

③ 6　　④ 7

⑤ 8

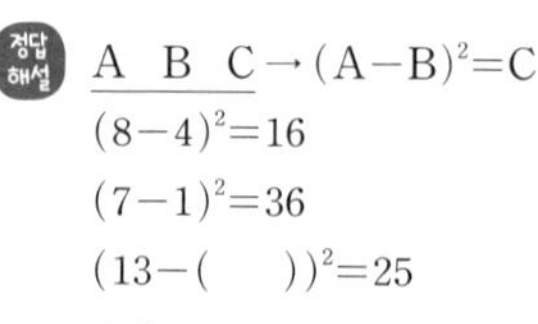

정답 해설

A B C → $(A-B)^2=C$

$(8-4)^2=16$

$(7-1)^2=36$

$(13-(\quad))^2=25$

$\therefore 8$

06

0 1 2 4 7 12 20 33 ( ) 88

① 51
② 52
③ 53
④ 54
⑤ 55

정답 해설 앞에 있는 두 칸에서 더해진 숫자의 합만큼 늘어난다.

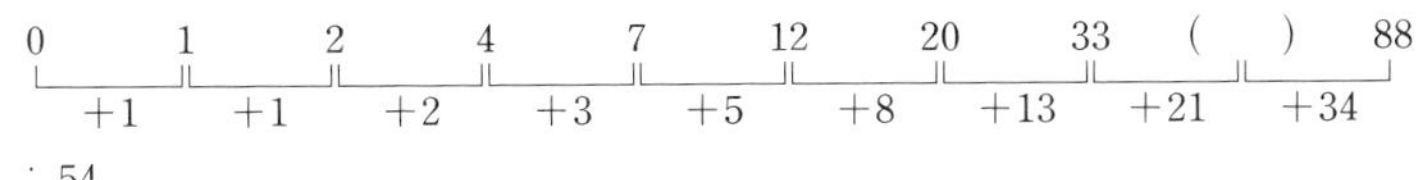

∴ 54

07 다음 보기의 수열에서 ㉠+㉡의 값을 구하면?

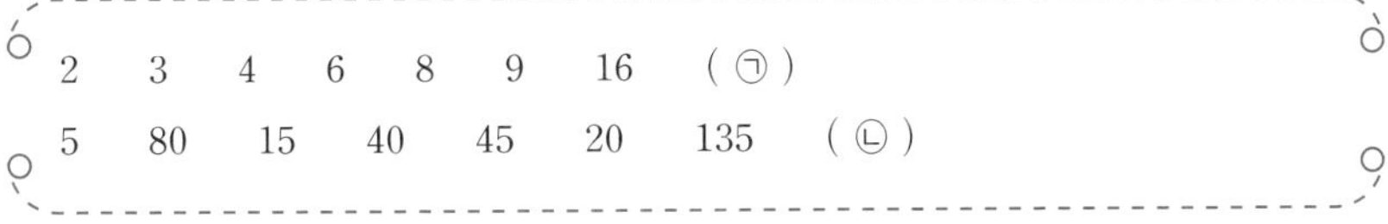

① 18
② 20
③ 22
④ 24
⑤ 26

정답 해설

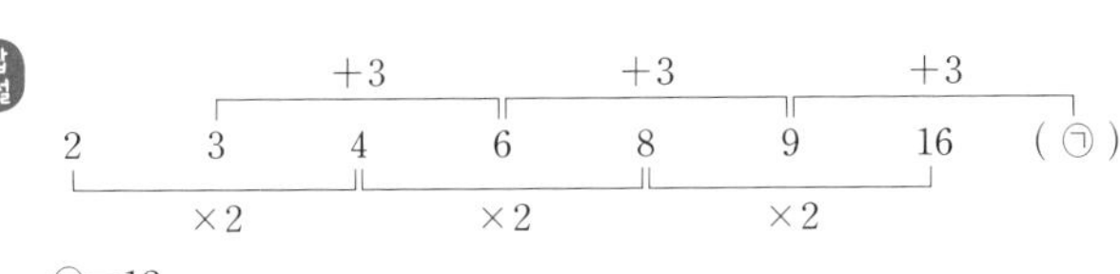

㉠=12

	÷2		÷2		÷2		
5	80	15	40	45	20	135	(㉡)
	×3		×3		×3		

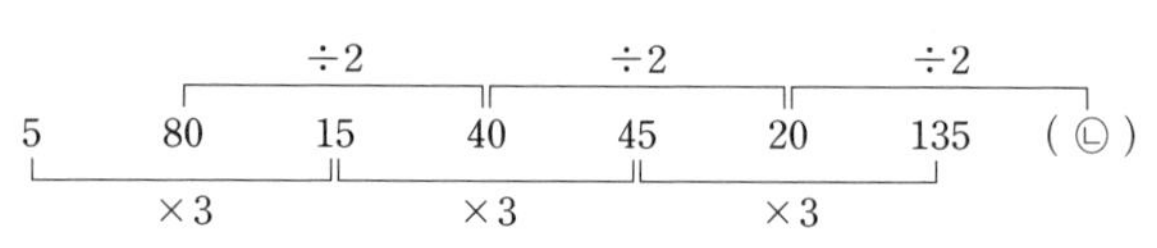

㉡=10

∴ ㉠+㉡=22

[08~09] 다음 보기 속 톱니바퀴의 숫자들은 내톱니, 외톱니 마다 각각의 규칙을 가지고 변화하고 있다. 이때, A+B의 값을 구하시오.

총 문항 수 : 2문항 | 총 문제풀이 시간 : 1분 | 문항당 문제풀이 시간 : 30초

08

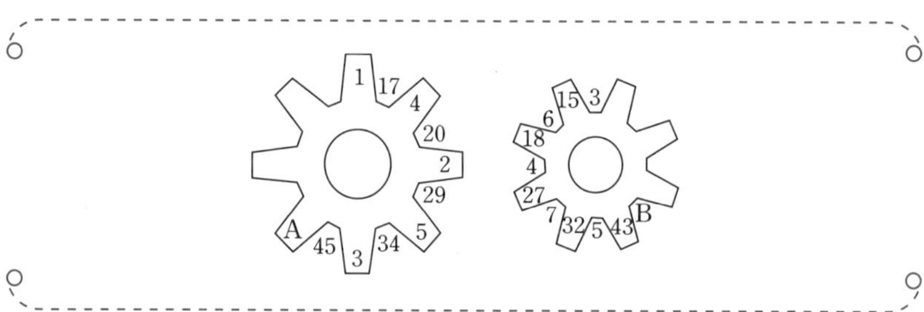

① 12
② 13
③ 14
④ 15
⑤ 16

정답 해설 왼쪽 톱니바퀴의 외톱니는 다음과 같은 규칙을 따른다.

1	4	2	5	3	A
+3	−2	+3	−2	+3	

즉, A=6

왼쪽 톱니바퀴의 내톱니는 양 옆 숫자의 제곱의 합이다.
또한 오른쪽 톱니바퀴의 내톱니는 서로 맞물리는 왼쪽 톱니바퀴의 외톱니에 2를 더한 수이다.
B와 맞물리는 수는 A이므로 $B=6+2=8$
$\therefore A+B=6+8=14$

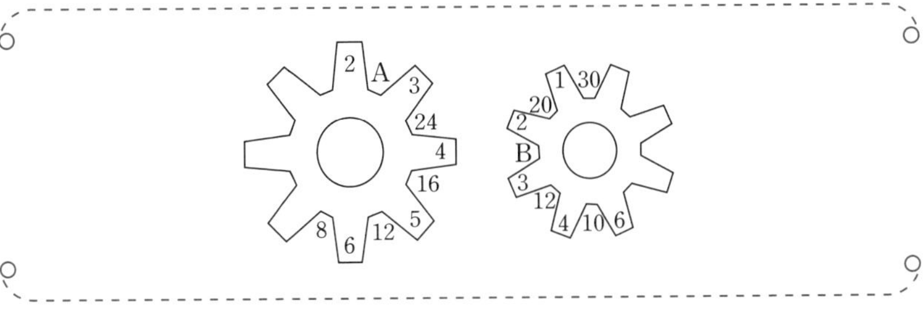

① 62
② 63
③ 64
④ 65
⑤ 66

왼쪽 톱니바퀴의 외톱니와 맞물리는 오른쪽 톱니바퀴의 내톱니의 곱은 모두 60이고,
왼쪽 톱니바퀴의 내톱니와 맞물리는 오른쪽 톱니바퀴의 외톱니의 곱은 모두 48이다.
따라서 $A=48$, $B=15$이므로
$\therefore A+B=63$

[10~12] 다음 보기와 같은 규칙을 가지고 있을 때, ㉠－㉡의 값을 구하시오.

총 문항 수 : 3문항 | 총 문제풀이 시간 : 1분 30초 | 문항당 문제풀이 시간 : 30초

이 문제 좋아!

10

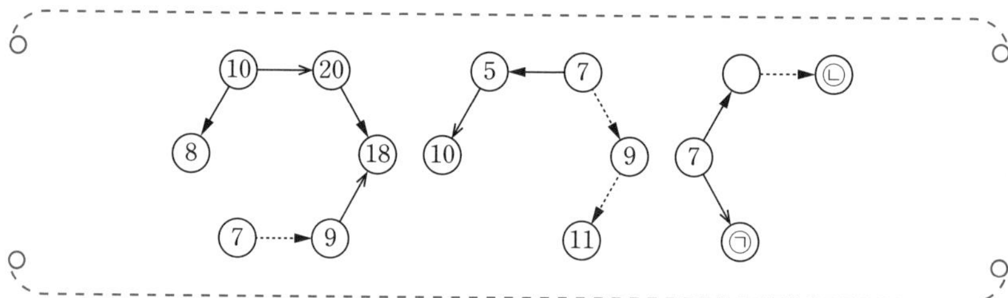

① 3
② 4
③ 5
④ 6
⑤ 7

⟶ -2, ⋯⋯▸ $+2$, ⟶ $\times 2$의 규칙을 따른다.

따라서 $7\times2=$㉠이므로 ㉠$=14$

$7-2=5$, $5+2=$㉡이므로 ㉡$=7$

∴ ㉠－㉡$=14-7=7$

11

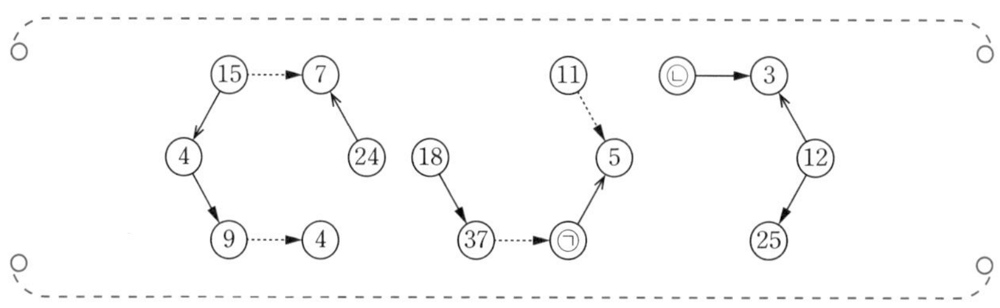

① 16　　② 17
③ 18　　④ 19
⑤ 20

정답해설 ⟶ ×2+1, ┈┈► (−1) 후 ÷2, ⟶ ÷3−1의 규칙을 따른다.

㉠={37+(−1)}÷2=18

㉡×2+1=3, ㉡=1

∴ ㉠−㉡=18−1=17

12

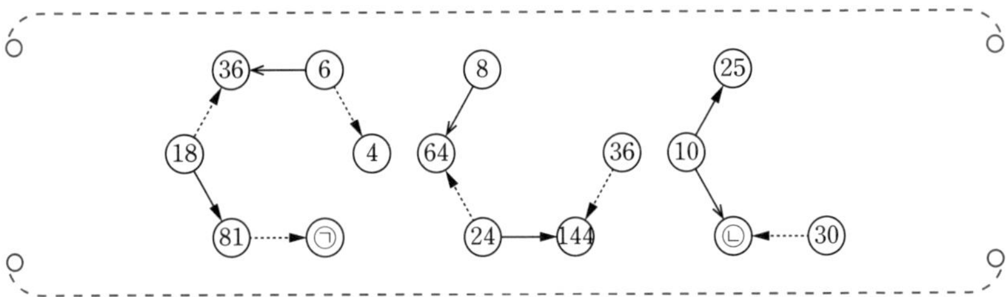

① 329

② 429

③ 529

④ 629

⑤ 729

정답해설 ⟶ (÷2) 후 제곱, ┈┈▸ (÷3) 후 제곱, ⟶ 제곱의 규칙을 따른다.

㉠$=(81\div3)^2=729$

$10^2=(30\div3)^2=$㉡, ㉡$=100$

∴ ㉠$-$㉡$=729-100=629$

소요시간		채점결과	
목표시간	6분 30초	총 문항수	12문항
실제 소요시간	( )분 ( )초	맞은 문항 수	( )문항
초과시간	( )분 ( )초	틀린 문항 수	( )문항

2. 응용계산

기출유형분석

문제풀이 시간 : 50초

▶ 가은이가 집에서 800m 떨어진 도서관을 갈 때 처음에는 분속 50m로 걷다가 나중에는 분속 200m로 뛰어갔더니 10분이 걸렸다. 가은이가 걸은 거리는?

① 400m ② 420m

③ 450m ④ 480m

⑤ 500m

가은이가 걸은 거리를 x, 달린 거리를 y라고 하면

$x+y=800$ ⋯ ㉠

시간$=\frac{\text{거리}}{\text{속력}}$이므로,

$\frac{x}{50}+\frac{y}{200}=10$ ⋯ ㉡

㉠과 ㉡를 연립하여 풀면

$$\begin{cases} x+y=800 \\ \frac{x}{50}+\frac{y}{200}=10 \end{cases}$$

$$\begin{cases} x+y=800 \\ 4x+y=2,000 \end{cases}$$

$\therefore x=400(\text{m}),\ y=400(\text{m})$

정답 ①

01 길이가 24km인 강을 속력이 일정한 배를 타고 강물을 거슬러 올라 가는데 3시간, 강물을 따라 내려오는데 2시간이 걸렸다. 이때 흐르지 않는 물에서의 배의 속력(km/h)을 구하면?

① 8km/h
② 10km/h
③ 12km/h
④ 14km/h
⑤ 16km/h

정답 해설 배의 속력을 x(km/h), 물의 속력을 y(km/h)라 하면

구분	거리(km)	속력(km/h)	시간(h)
거슬러 올라갈 때	24	$x-y$	3
따라 내려올 때	24	$x+y$	2

$\frac{24}{x-y}=3$, $x-y=8$ ⋯ ㉠

$\frac{24}{x+y}=2$, $x+y=12$ ⋯ ㉡

㉠, ㉡을 연립하면 $x=10$, $y=2$

∴ 배의 속력=10km/h

02 수아와 경희는 원형으로 된 600m 운동장에서 달리기를 하려고 한다. 출발선에서 서로 반대방향으로 출발하여 30초가 지났을 때 수아와 경희는 만났다. 수아가 8m/s의 속력으로 달렸다면 경희의 속력은 얼마인가?

① 8m/s
② 10m/s
③ 12m/s
④ 14m/s
⑤ 16m/s

정답 해설 거리 = 속력 × 시간

경희의 속력을 x라고 하면

$600=(8\times30)+(x\times30)$ $\therefore x=12(\text{m/s})$

03 12%의 소금물 200g에서 몇 g의 물을 증발시켰더니 15%의 소금물이 되었다. 증발시킨 물의 양을 구하면?

① 32g　② 34g

③ 36g　④ 38g

⑤ 40g

정답 해설 소금물의 농도(%) $=\dfrac{\text{소금의 양}}{\text{소금물의 양}}\times100$

증발시킨 물의 양을 x라 두면

12%의 소금물의 소금의 양 : $\dfrac{12}{100}\times200=24(\text{g})$

15%의 소금물의 소금의 양 : $\dfrac{15}{100}\times(200-x)(\text{g})$

증발 후에도 소금의 양은 일정하므로

$24=\dfrac{15}{100}\times(200-x)$ $\therefore x=40(\text{g})$

정답 01 ② | 02 ③ | 03 ⑤

04 현재 어머니는 64세이고 아들은 16세이다. 어머니의 나이가 아들 나이의 5배였던 것은 몇 년 전인가?

① 3년 전
② 4년 전
③ 7년 전
④ 9년 전
⑤ 10년 전

정답해설 x년 전에 어머니의 나이가 아들 나이의 5배이므로,
$64-x=5(16-x)$, $64-x=80-5x$
$\therefore x=4$(년)

05 두 지점 A, B를 자동차로 왕복하는데 갈 때는 시속 45km, 돌아올 때는 시속 30km로 달렸더니, 돌아올 때는 갈 때보다 30분이 더 걸렸다고 한다. 두 지점 A, B 사이의 거리를 구하면?

① 35km
② 45km
③ 55km
④ 65km
⑤ 75km

정답해설 A, B 사이의 거리를 x라 두면, 갈 때 걸린 시간은 $\frac{x}{45}$시간이고, 올 때 걸린 시간은 $\frac{x}{30}$시간이다.
$\frac{x}{30}-\frac{x}{45}=\frac{30}{60}$ $\therefore x=45(\text{km})$

06 **5%의 식염수와 10%의 식염수를 섞어서 8%의 식염수 500g을 만들려고 한다. 이때 필요한 5%의 식염수의 양은?**

① 200g ② 300g
③ 400g ④ 450g
⑤ 500g

정답해설 5%의 식염수 : x, 10%의 식염수 : y

$$\begin{cases} x+y=500 \\ \frac{5}{100}x+\frac{10}{100}y=\frac{8}{100}\times 500 \end{cases}$$

$\therefore x=200(\text{g}),\ y=300(\text{g})$

이 문제 중요!

07 **15% 농도의 식염수 200g에 물을 넣어 5%의 식염수를 만든다. 이때 필요한 물의 양은?**

① 100g ② 200g
③ 300g ④ 400g
⑤ 500g

정답해설 15% 농도의 식염수 200g에서 식염의 양 : $\frac{15}{100}\times 200=30(\text{g})$

필요한 물의 양을 x라 하면, $\frac{30}{200+x}\times 100=5(\%)$ $\therefore x=400(\text{g})$

08 둘레의 길이가 54m이고, 가로의 길이가 세로의 길이의 2배보다 6m 더 긴 직사각형 모양의 수영장이 있다. 이 수영장의 넓이를 구하면?

① 110m² ② 140m²
③ 160m² ④ 210m²
⑤ 230m²

 세로의 길이 : x, 가로의 길이 : $2x+6$
둘레의 길이 : $(2x+6+x)\times 2=54$
∴ 세로의 길이=7m, 가로의 길이=20m
∴ (수영장의 넓이)$=20\times 7=140(\text{m}^2)$

09 어느 공원의 입장료가 어른은 2,500원, 어린이는 1,000원이다. 어른과 어린이를 합쳐서 20명이 입장하고 41,000원을 냈다면 입장한 어린이는 몇 명인가?

① 3명 ② 4명
③ 5명 ④ 6명
⑤ 7명

 입장한 어린이를 x명이라 두면
$2{,}500(20-x)+1{,}000x=41{,}000$
$\therefore x=6$

10 수영이는 문구점에서 공책과 연필을 사서 10,000원을 냈더니 1,900원을 거슬러 받았다. 공책의 가격은 1,200원, 연필의 가격은 300원이고 구입한 공책과 연필의 개수가 12개였다면, 공책을 몇 권 샀는가?

① 5권 ② 6권
③ 7권 ④ 8권
⑤ 9권

정답 해설 공책의 개수 : x, 연필의 개수 : y

$$\begin{cases} x+y=12 \\ 1{,}200x+300y=8{,}100 \end{cases}$$

$\therefore$ $x=5$(권), $y=7$(개)

11 A, B 두 회사의 작년 자동차 판매량의 합은 300대이다. 금년에는 작년보다 A회사는 판매량이 20% 증가했고, B회사는 10% 감소하여 두 회사의 자동차 판매량의 합은 작년보다 10% 증가하였다. 금년 A회사의 자동차 판매량을 구하면?

① 90대 ② 100대
③ 150대 ④ 200대
⑤ 240대

정답 해설 A회사에서 작년에 판매한 자동차 대수 : x대
B회사에서 작년에 판매한 자동차 대수 : y대

$$\begin{cases} x+y=300 \\ 1.2x+0.9y=300\times1.1 \end{cases}$$

$\therefore$ $x=200$, $y=100$

따라서 금년 A회사의 자동차 판매량은 20% 증가했으므로 $200\times1.2=240$(대)

12 어떤 물건의 원가에 40%의 이윤을 붙여 정가를 정하였다. 이것을 300원 할인하여 팔면 물건 한 개당 원가의 25%의 이익금이 남는다고 한다. 이때 이 물건의 원가는?

① 1,500원 ② 1,700원
③ 2,000원 ④ 2,200원
⑤ 2,500원

정답해설 물건의 원가를 x라 할 때,
(정가)$=x+0.4x=1.4x$
$1.4x-300-x=0.25x$ $\therefore x=2{,}000$(원)

13 서영이가 가지고 있는 돈으로 가격이 같은 빵을 8개 사면 600원이 남고, 10개 사면 1,000원이 모자란다. 빵을 9개 사면 어떻게 되겠는가?

① 200원 모자란다. ② 200원 남는다.
③ 600원 모자란다. ④ 800원 남는다.
⑤ 1000원 모자란다.

정답해설 빵 1개의 가격을 x원이라 하면
$8x+600=10x-1{,}000$ $\therefore x=800$(원)
따라서 서영이가 가지고 있는 돈은 7,000원이고 빵을 9개 사려면 7,200원이 필요하므로 200원이 모자란다.

14 어떤 일을 하는 데 A는 60시간, B는 90시간이 걸린다고 한다. A와 B가 함께 일을 하면 각자 능력의 20%를 분업 효과로 얻을 수 있다고 한다. A와 B가 함께 일을 한다면 몇 시간이 걸리겠는가?

① 25시간 ② 30시간
③ 35시간 ④ 36시간
⑤ 40시간

정답 해설 전체 작업량을 1이라 하면,

A의 1시간 작업량 : $\frac{1}{60}$, B의 1시간 작업량 : $\frac{1}{90}$

A와 B가 함께한 1시간 작업량 : $\left(\frac{1}{60}+\frac{1}{90}\right)\times 1.2=\frac{1}{30}$

∴ 전체 일을 하는 데 걸리는 시간 : $1\div\frac{1}{30}=30$(시간)

15 엘리베이터로 1층에서 5층까지 가는 데 걸리는 시간이 12초이다. 1층에서 어느 층까지 엘리베이터로 가는 데 걸리는 시간이 36초라면, 몇 층까지 엘리베이터로 타고 갔는가?

① 8층 ② 10층
③ 12층 ④ 13층
⑤ 14층

1층에서 5층까지 4개 층을 오르는 데 걸리는 시간이 12초이므로 1개 층을 오르는 데 걸리는 시간은 3초이다.

$3\times(x-1)=36$ ∴ $x=13$(층)

16 연못 주위에 나무를 심으려고 하는데, 나무의 간격을 10m에서 5m로 바꾸면 필요한 나무는 11그루가 늘어난다. 연못의 둘레는?

① 100m
② 110m
③ 120m
④ 130m
⑤ 140m

나무의 간격이 10m일 때 필요한 나무의 그루 수를 x라 하면

$10x=5(x+11)$

$\therefore x=11$(그루)

$\therefore$ 연못의 둘레$=10\times11=110$(m)

이 문제 중요!

17 철수와 영희가 함께 일을 하면 8일 걸리는 일을 영희가 4일 동안 일한 후, 그 나머지는 철수가 10일 걸려서 완성하였다. 이 일을 철수 혼자서 하려면 며칠이나 걸리겠는가?

① 8일
② 9일
③ 10일
④ 11일
⑤ 12일

전체 일의 양이 1일 때

철수가 하루에 일하는 양을 x, 영희가 하루에 일하는 양을 y라 하면

$$\begin{cases} 8(x+y)=1 \\ 10x+4y=1 \end{cases}$$

$\therefore x=\frac{1}{12}, y=\frac{1}{24}$

철수는 하루에 $\frac{1}{12}$씩 일을 하므로 일을 완성하려면 12일이 걸린다.

18 **A는 10일, B는 20일 걸리는 일이 있다. 둘은 공동작업으로 일을 시작했으나, 도중에 A가 쉬었기 때문에 끝마치는 데 16일 걸렸다. A가 쉰 기간은 며칠인가?**

① 10일
② 12일
③ 14일
④ 15일
⑤ 16일

정답해설 전체 일의 양이 1일 때, A의 1일 일량 : $\frac{1}{10}$, B의 1일 일량 : $\frac{1}{20}$

B가 일한 날 수 : 16일, B의 총 일량 : $\frac{1}{20}\times 16=\frac{4}{5}$

A의 총 일량 : $1-\frac{4}{5}=\frac{1}{5}$

A의 일한 날 수 : $\frac{1}{5}\div\frac{1}{10}=2$(일)

∴ A가 쉰 날 수 : $16-2=14$(일)

19 **사진관에서 5명의 가족이 단체사진을 찍을 때 앞줄에 2명, 뒷줄에 3명이 서는 방법의 수는?**

① 100가지
② 110가지
③ 120가지
④ 130가지
⑤ 140가지

정답해설 5명 중에 앞줄에 2명을 뽑아 세우는 방법은,

${}_5P_2\times{}_3P_3=\frac{5!}{(5-2)!}\times\frac{3!}{(3-3)!}=\frac{5!}{3!}\times\frac{3!}{1}=5!=120$(가지)

20 A라는 직장인은 매일 출근 1시간 15분 전에 일어나 10분간 신문을 보고, 15분간 세수를 하며, 20분간 식사를 한 후 출근을 위해 집에서 나선다. 회사의 출근 시간이 오전 10시라면 집에서 출발한 시간의 시침과 분침의 각도는 얼마인가?

① 105°
② 115°
③ 125°
④ 135°
⑤ 140°

집에서 출발한 시간 : 10시－1시간 15분＋10분＋15분＋20분＝9시 30분

각 시간의 각도 : 360÷2＝30(°)

시침은 9시와 10시의 중간에 있고 분침은 30분, 즉 6시에 있으므로 시침과 분침의 간격은 3시간 30분

∴ 시침과 분침의 각도 : $3\times30+\frac{1}{2}\times30=90+15=105(°)$

21 남자 7명과 여자 5명 중 3명을 고른다. 3명 모두 남자인 경우는 몇 가지인가?

① 35가지
② 40가지
③ 45가지
④ 50가지
⑤ 55가지

정답 해설 남자 7명 중 3명을 고르는 것이므로, ${}_7C_3=\frac{7\times6\times5}{3\times2\times1}=35$(가지)

22 어떤 옷가게에서 원가 20만 원짜리 정장에 이윤을 30% 추가하여 정가로 하였다가 오랫동안 팔리지 않아 정가의 20%를 깎아 팔았다. 이 옷의 가격은 얼마인가?

① 180,000원
② 198,000원
③ 208,000원
④ 220,000원
⑤ 225,000원

정답 해설 $200{,}000 \times 1.3 = 260{,}000$(원)
$260{,}000 \times 0.8 = 208{,}000$(원)

23 꽃장사를 하는 형우는 정가에서 10% 할인하여 팔아도 원가에 대해서는 8%의 이익을 남기고 싶어한다. 형우는 처음 원가에 몇 %의 이익을 붙여서 정가를 매겨야 하는가?

① 10%
② 20%
③ 30%
④ 40%
⑤ 50%

정답 해설 원가 x원에 y%의 이익을 붙여서 정가를 정한다고 하면, 정가는 $x(1+0.01y)$이다.
할인가격$=x(1+0.01y)(1-0.1)$
할인가격$-$원가$=$원가의 8%이므로,
$x(1+0.01y)(1-0.1)-x=0.08x$
$0.9x(1+0.01y)=1.08x$
$\therefore y=20(\%)$

24 청기 3개, 백기 2개, 적기 1개를 모두 한 줄로 배열하여 신호를 만들려고 한다. 만들 수 있는 신호의 개수는?

① 60개
② 70개
③ 80개
④ 90개
⑤ 100개

정답해설 a, a, a, b, b, c의 순열의 수와 같다.

$\therefore \frac{6!}{3! \times 2!} = \frac{6 \cdot 5 \cdot 4 \cdot 3 \cdot 2 \cdot 1}{3 \cdot 2 \cdot 1 \times 2 \cdot 1} = 60$(개)

25 어른 3명, 아이 5명이 원탁에 앉을 때, 어른과 어른 사이에 적어도 한 명의 아이가 들어가는 경우의 수는?

① 1,210가지
② 1,320가지
③ 1,440가지
④ 1,510가지
⑤ 1,620가지

정답해설 아이 5명이 원탁에 앉는 방법은 $(5-1)!=4!$(가지)이고, 이 각각에 대하여 아이와 아이 사이의 5곳 중 세 곳에 어른이 앉는 방법의 수는 ${}_5P_3$가지이다.

$\therefore 4! \times {}_5P_3 = 4 \cdot 3 \cdot 2 \times 5 \cdot 4 \cdot 3 = 1{,}440$(가지)

26 1에서 20까지의 자연수 중 임의로 하나의 수를 선택할 때, 2 또는 5의 배수일 확률은?

① 0.5 ② 0.6

③ 0.7 ④ 0.8

⑤ 0.9

정답 해설 2의 배수 : 10(개), 5의 배수 : 4(개), 10의 배수 : 2(개)

$10+4-2=12$(개)

$\therefore \frac{12}{20}=\frac{3}{5}=0.6$

27 어느 공장에서 생산하는 제품 10개 중에는 3개의 불량품이 들어 있다. 제품을 1개씩 검사할 때 5개를 검사할 때까지 불량품 2개를 발견할 확률은?

① $\frac{1}{2}$ ② $\frac{2}{5}$

③ $\frac{3}{10}$ ④ $\frac{5}{12}$

⑤ $\frac{7}{24}$

정답 해설 10개의 제품 중 5개의 제품을 선택할 때, 불량품이 2개일 확률을 구하는 것과 같다.

$\therefore \frac{{}_3C_2\times{}_7C_3}{{}_{10}C_5}=\frac{105}{252}=\frac{5}{12}$

28 한 통신사의 핸드폰의 1개월 통화 사용요금은 다음과 같이 정해진다.

(가) 150분까지는 기본요금 a원
(나) 150분을 초과한 경우에는 초과한 시간에 대하여 1분당 b원의 초과 요금과 기본요금의 합
(다) 200분을 초과한 경우에는 초과한 시간에 대하여 1분당 $2b$의 초과 요금과 200분일 때의 요금의 합

A씨는 5월에는 162분을 사용하여 50,580원을, 6월에는 210분을 사용하여 52,900원의 통화 사용요금을 냈다. 7월에 225분을 사용했다면 통화 사용요금은 얼마인지 구하면?

① 53,100　② 54,100
③ 55,100　④ 56,100
⑤ 57,100

5월에는 162분을 사용했으므로
$a+12\times b=50,580$ … ㉠
6월에는 210분을 사용했으므로
$a+50\times b+10\times 2b=52,900$ … ㉡
㉠, ㉡을 연립하면 $a=50,100$, $b=40$
따라서 기본요금은 50,100원이고 150분 초과 요금은 1분당 40원, 200분 초과 요금은 1분당 80원이므로
A씨가 7월에 사용한 요금은 $50,100+50\times 40+25\times 80=54,100$(원)

소요시간		채점결과	
목표시간	30분	총 문항수	28문항
실제 소요시간	(　)분 (　)초	맞은 문항 수	(　　)문항
초과시간	(　)분 (　)초	틀린 문항 수	(　　)문항

3. 자료해석

기출유형분석

⏰ 문제풀이 시간 : 1분 40초

▶ 다음 [그림]과 [표]는 경제활동인구 구성에 관한 자료이다. 물음에 답하시오. (**01~02**)

[그림] 2020년 경제활동인구 구성

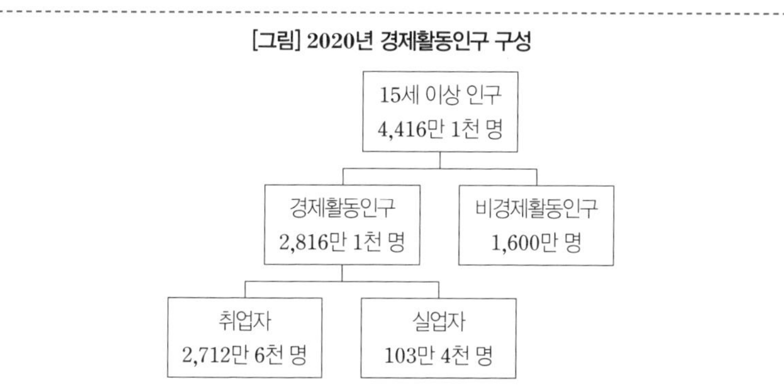

[표] 15세 이상 인구 및 경제활동인구

(단위 : 천 명)

구분	2019년	2020년
15세 이상 인구	43,924	44,161
남자	21,570	21,684
여자	22,354	22,477
경제활동인구	28,081	28,161
남자	16,133	16,088
여자	11,948	12,073
비경제활동인구	15,843	16,000
남자	5,437	5,596
여자	10,406	10,404

정답 28 ②

01 2020년 경제활동인구 중 실업자의 비율은? (단, 소수점 둘째자리에서 반올림함)

① 약 3.5%
② 약 3.7%
③ 약 3.9%
④ 약 4.2%
⑤ 약 4.5%

정답 해설 경제활동인구 28,161천 명 중 실업자는 1,034천 명이므로 $\frac{1,034}{28,161} \times 100 ≒ 3.7\%$

02 위의 자료에 대한 설명으로 옳은 것을 고르면?

ㄱ. 15세 이상 인구는 전년대비 약 1.5% 증가하였다.
ㄴ. 경제활동인구에서 여자는 전년대비 약 1% 증가하였다.
ㄷ. 경제활동인구는 전년대비 약 0.3% 증가하였다.
ㄹ. 2020년 비경제활동인구에서 남자의 비중은 약 40%이다.

① ㄴ
② ㄱ, ㄴ
③ ㄱ, ㄷ
④ ㄴ, ㄷ
⑤ ㄷ, ㄹ

ㄴ. 경제활동인구에서 여자는 전년대비 $\frac{(12,073-11,948)}{11,948} \times 100 ≒ 1\%$ 증가하였다.

ㄷ. 경제활동인구는 전년대비 $\frac{(28,161-28,081)}{28,081} \times 100 ≒ 0.3\%$ 증가하였다.

ㄱ. 15세 이상 인구는 전년대비 $\frac{(44,161-43,924)}{43,924} \times 100 ≒ 0.5\%$ 증가하였다.

ㄹ. 2020년 비경제활동인구에서 남자의 비중은 $\frac{5,596}{16,000} \times 100 ≒ 35\%$이다.

정답 01 ② | 02 ④

[01~02] 다음 [표]는 65세 이상 진료비 및 약품비에 대한 자료이다.

총 문항 수 : 2문항 | 총 문제풀이 시간 : 1분 40초 | 문항당 문제풀이 시간 : 50초

[표1] 노인인구 진료비

(단위 : 억 원)

구분	2018년	2019년	2020년
총 진료비	580,170	646,623	696,271
노인인구 진료비	213,615	245,643	271,357

[표2] 노인인구 약품비

(단위 : 억 원)

구분	2018년	2019년	2020년
총 약품비	139,259	152,905	162,179
노인인구 약품비	53,864	59,850	64,966

01 2020년 노인인구의 진료비와 약품비의 비중을 각각 구하면? (단, 소수점 둘째자리에서 반올림함)

	진료비	약품비
①	36%	43.1%
②	37%	42.1%
③	38%	41.1%
④	39%	40.1%
⑤	40%	39.1%

정답해설 2020년 노인인구의 진료비의 비중은 $\frac{271,357}{696,271} \times 100 ≒ 39\%$

노인인구의 약품비의 비중은 $\frac{64,966}{162,179} \times 100 ≒ 40.1\%$

정답 01 ④

02 위의 자료에 대한 설명으로 옳지 않은 것은? (단, 소수점 둘째자리에서 반올림함)

① 총 진료비는 증가하고 있다.

② 2019년 노인인구 약품비의 비중은 전년대비 약 0.4% 증가하였다.

③ 2018년 노인인구 진료비의 비중은 약 36.8%이다.

④ 2020년 노인인구 진료비의 비중은 전년대비 약 3% 증가하였다.

⑤ 총 약품비는 증가하고 있다.

④ 2019년 노인인구 진료비의 비중은 $\frac{245,643}{646,623} \times 100 ≒ 38\%$이고,

2020년 노인인구 진료비의 비중은 39%이므로 전년대비 약 1% 증가하였다.

① 표1에서 알 수 있다.

② 2018년 노인인구 약품비의 비중은 $\frac{53,864}{139,259} \times 100 ≒ 38.7\%$이고,

2019년 노인인구 약품비의 비중은 $\frac{59,850}{152,905} \times 100 ≒ 39.1\%$ 전년대비 약 0.4% 증가하였다.

③ 2018년 노인인구 진료비의 비중은 $\frac{213,615}{580,170} \times 100 ≒ 36.8\%$이다.

⑤ 표2에서 알 수 있다.

이 문제 중요!

03 다음 [표]는 산업재산권 유지를 위한 등록료에 관한 자료이다. 청구 범위가 3항인 특허권에 대한 3년간의 권리 유지비용은 얼마인가?

[표] 산업재산권 등록료

(단위 : 원)

구분 / 권리		설정등록료 (1~3년분)	연차등록료						
			4~ 6년차	7~ 9년차	10~ 12년차	13~ 15년차	16~ 18년차	19~ 21년차	22~ 25년차
특허권	기본료	81,000	매년 60,000	매년 120,000	매년 240,000	매년 480,000	매년 960,000	매년 1,920,000	매년 3,840,000
	가산료 (청구범위의 1항마다)	54,000	매년 25,000	매년 43,000	매년 55,000	매년 68,000	매년 80,000	매년 95,000	매년 120,000
실용신안권	기본료	60,000	매년 40,000	매년 80,000	매년 160,000	매년 320,000	–		
	가산료 (청구범위의 1항마다)	15,000	매년 10,000	매년 15,000	매년 20,000	매년 25,000			
디자인권		75,000	매년 35,000	매년 70,000	매년 140,000	매년 280,000	–		
상표권		211,000(10년분)	10년 연장 시 256,000						

※ 특허권, 실용신안권의 기본료는 청구범위의 항 수와는 무관하게 부과되는 비용임. 예를 들어, 청구범위가 1항인 경우 기본료와 1항에 대한 가산료가 부과됨.

① 243,000원
② 392,200원
③ 460,000원
④ 591,000원
⑤ 630,000원

정답 해설 81,000 + (54,000 × 3) = 243,000(원)

04 다음 [그림]은 음주운전 관련 자료이다. 전체 음주운전 교통사고 발생 건수 중에서 운전자의 혈중 알코올 농도가 0.30% 이상인 경우는 몇 %인가?

[그림1] 연령대별 음주운전 교통사고 현황

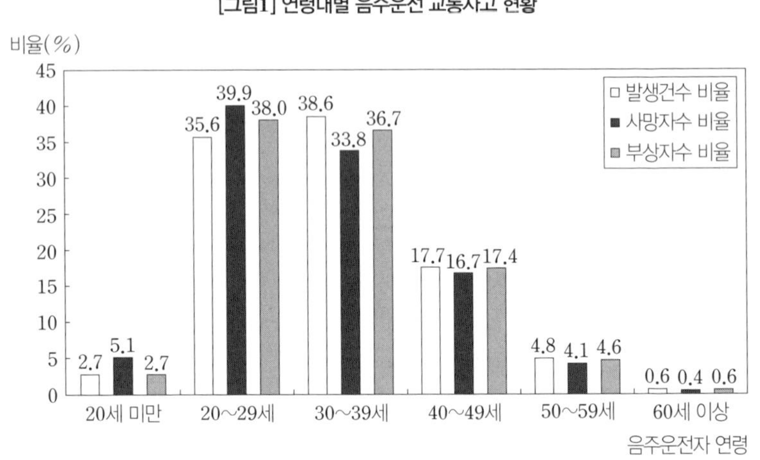

[그림2] 혈중 알코올 농도별 음주운전 교통사고 현황

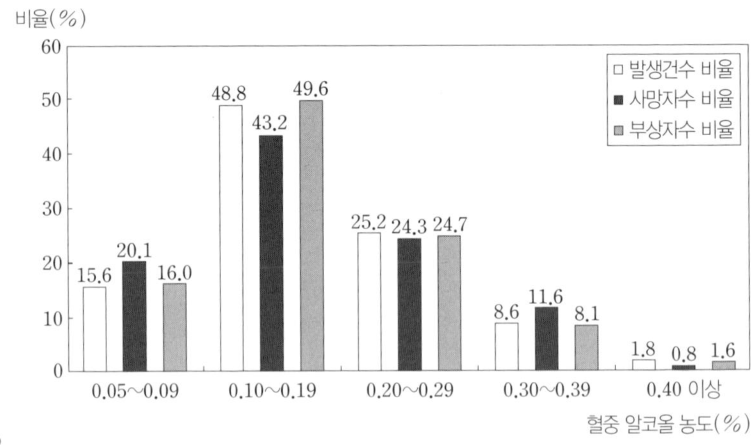

① 6.7%
② 8.8%
③ 9.1%
④ 10.4%
⑤ 11.5%

정답 해설 $8.6+1.8=10.4(\%)$

[05~06] 다음 [그림]은 어느 초등학교의 한 학급 내 친구 관계를 도식화한 것이다. (단, 두 점 사이의 선은 친구 관계를, A1~A21은 각 학생을 의미함)

총 문항 수 : 2문항 | 총 문제풀이 시간 : 1분 40초 | 문항당 문제풀이 시간 : 50초

[그림] 학급 내 친구 관계도

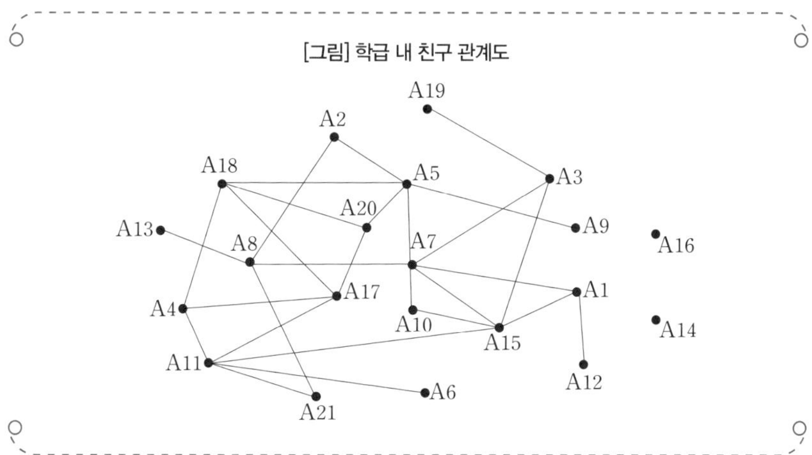

05 이 반의 학생들 중 친구가 한 명도 없는 학생은 몇 명인가?

① 없다.
② 1명
③ 2명
④ 3명
⑤ 4명

정답 해설 두 점 사이의 선은 두 학생이 친구 관계임을 나타내므로 선이 이어져 있지 않은 학생 A14, A16은 친구가 한 명도 없다고 할 수 있다.

06 이 반에서 가장 많은 친구를 가진 학생은 누구인가?

① A20 ② A15

③ A11 ④ A8

⑤ A7

정답해설 두 점 사이의 선은 두 학생이 친구 관계임을 나타내므로 선이 가장 많이 연결되어 있는 학생은 A7로 6명의 친구를 가지고 있다.

[07~08] 다음 [표]는 거주자 외화예금 동향에 대한 자료이다.

총 문항 수 : 2문항 | 총 문제풀이 시간 : 1분 40초 | 문항당 문제풀이 시간 : 50초

[표1] 통화별 거주자 외화예금 잔액

(단위 : 억 달러)

구분	2017년	2018년	2019년	2020년
미달러화	472.5	496.6	707.9	566.5
엔화	33.7	36.3	57.9	44.3
유로화	21.4	29.6	34.5	36.1
위안화	46.8	13.5	11.2	10.9
기타통화	10.9	13.1	18.8	18.4

※ 기타통화 : 영국 파운드화, 호주 달러화 등

[표2] 은행별 거주자 외화예금 잔액

(단위 : 억 달러)

구분	2017년	2018년	2019년	2020년
국내은행	461.6	495.2	703.4	573.3
외은지점	123.7	93.9	126.9	102.9

07 위의 자료에 대한 설명으로 옳은 것을 고르면?

ㄱ. 2017년 통화 중 예금 잔액은 위안화가 두 번째로 많다.
ㄴ. 2018년 예금 잔액은 총 585.3억 달러이다.
ㄷ. 2020년 국내은행의 외화예금 잔액은 전년대비 130.1억 달러 감소했다.
ㄹ. 외은지점의 외화예금 잔액은 점점 줄어들고 있다.

① ㄱ, ㄷ
② ㄴ, ㄷ
③ ㄴ, ㄹ
④ ㄱ, ㄷ, ㄹ
⑤ ㄴ, ㄷ, ㄹ

ㄱ. 2017년 통화 중 예금 잔액은 위안화가 미달러화 다음으로 많다.
ㄷ. 2020년 국내은행의 외화예금 잔액은 전년대비 130.1억 달러 감소했다.
ㄴ. 2018년 예금 잔액은 총 495.2+93.9=589.1억 달러이다.
ㄹ. 외은지점의 외화예금 잔액은 변동이 심하다.

08 2020년 엔화와 유로화의 비중을 각각 구하면? (단, 소수점 둘째자리에서 반올림함)

	엔화	유로화
①	4.7%	3.3%
②	5.7%	4.3%
③	6.6%	5.3%
④	7.6%	6.3%
⑤	8.6%	7.3%

정답 06 ⑤ | 07 ① | 08 ③

정답 해설 2020년 외화예금 잔액은 총 573.3＋102.9＝676.2이므로

엔화의 비중은 $\frac{44.3}{676.2} \times 100 ≒ 6.6\%$

유로화의 비중은 $\frac{36.1}{676.2} \times 100 ≒ 5.3\%$

09 다음 [표]는 연령별 스마트폰 1회 이용 시 평균 이용시간이다. 이에 대한 설명으로 옳지 않은 것은?

[표] 연령별 스마트폰 1회 이용 시 평균 이용시간

(단위 : %)

구분	5분 미만	5분~10분 미만	10분~20분 미만	20분~30분 미만	30분 이상
유아 (만3~9세)	29.9	10.8	32.5	10.6	16.2
청소년 (만10~19세)	30.2	17.3	29	12.2	11.3
성인 (만20~59세)	30.5	11.5	13.4	23.7	20.9
60대 (만60~69세)	34.3	19.5	24.3	19.8	2.1

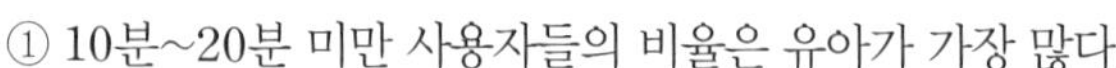
① 10분~20분 미만 사용자들의 비율은 유아가 가장 많다.

② 30분 이상 사용자들의 비율은 성인이 가장 많다.

③ 60대에는 20분~30분 미만 사용자들의 비율이 가장 많다.

④ 청소년들은 30분 이상 사용자들의 비율이 가장 작다.

⑤ 5분 미만 사용자들의 비율은 모든 연령층에서 25%를 넘는다.

정답 해설 ③ 60대에는 5분 미만 사용자들이 가장 많다.

10 다음 [표]는 행정업무용 물품의 조달단가와 구매 효용성을 나타낸 것이다. 20억 원 이내에서 구매예산을 집행한다고 할 때, 정량적 기대효과 총합의 최댓값을 구하면? (단, 각 물품은 구매하지 않거나 1개만 구매할 수 있다.)

[표] 행정업무용 물품의 조달단가와 구매 효용성

구분 \ 물품	A	B	C	D	E	F	G	H
조달단가(억 원)	3	4	5	6	7	8	10	16
구매 효용성(%)	1	0.5	1.8	2.5	1	1.75	1.9	2

※ 구매 효용성 $=\frac{\text{정량적 기대효과}}{\text{조달단가}}\times 100$

① 29
② 30
③ 38
④ 46
⑤ 50

정답 해설 정량적 기대효과 = 조달단가 × 구매 효용성
정량적 기대효과 총합이 최대가 될 수 있게 20억 원 이내에서 물품을 구매하면 C<D<F이며 이때 조달단가는 5+6+8=19(억 원), 정량적 기대효과는 9+15+14=38이다.

1DAY 2DAY 3DAY

이 문제 중요!

11 다음 [표]는 프로야구 선수 Y의 타격기록이다. 이에 대한 설명으로 옳지 않은 것은?

[표] 프로야구 선수 Y의 타격기록

연도	소속 구단	타율	출전 경기수	타수	안타수	홈런수	타점	4사구수	장타율
2005	A	0.341	106	381	130	23	90	69	0.598
2006	A	0.300	123	427	128	19	87	63	0.487
2007	A	0.313	125	438	137	20	84	83	0.532
2008	A	0.346	126	436	151	28	87	88	0.624
2009	A	0.328	126	442	145	30	98	110	0.627
2010	A	0.342	126	456	156	27	89	92	0.590
2011	B	0.323	131	496	160	21	105	87	0.567
2012	C	0.313	117	432	135	15	92	78	0.495
2013	C	0.355	124	439	156	14	92	81	0.510
2014	A	0.276	132	391	108	14	50	44	0.453
2015	A	0.329	133	490	161	33	92	55	0.614
2016	A	0.315	133	479	151	28	103	102	0.553
2017	A	0.261	124	394	103	13	50	67	0.404
2018	A	0.303	126	413	125	13	81	112	0.477
2019	A	0.337	123	442	149	22	72	98	0.563

① 2009~2014년 중 Y선수의 장타율이 높을수록 4사구수도 많았다.

② 2009~2019년 중 Y선수의 타율이 0.310 이하인 해는 3번 있었다.

③ Y선수가 C구단에 소속된 기간 동안 기록한 평균 타점은 나머지 기간 동안 기록한 평균 타점보다 많았다.

④ Y선수는 2009년에 가장 많은 홈런수를 기록하였다.

⑤ Y선수는 A구단에 소속되었을 때 경기에 가장 많이 출전했다.

정답 해설 2015년 Y선수는 가장 많은 홈런수를 기록하였다.

12 **다음 [그림]은 A씨와 B씨의 체중 변화를 나타낸 것이다. 3년 전 동월 대비 2020년 3월 A씨의 체중 증가율과 B씨의 체중 증가율을 바르게 비교한 것은? (단, 소수점 둘째자리에서 반올림함)**

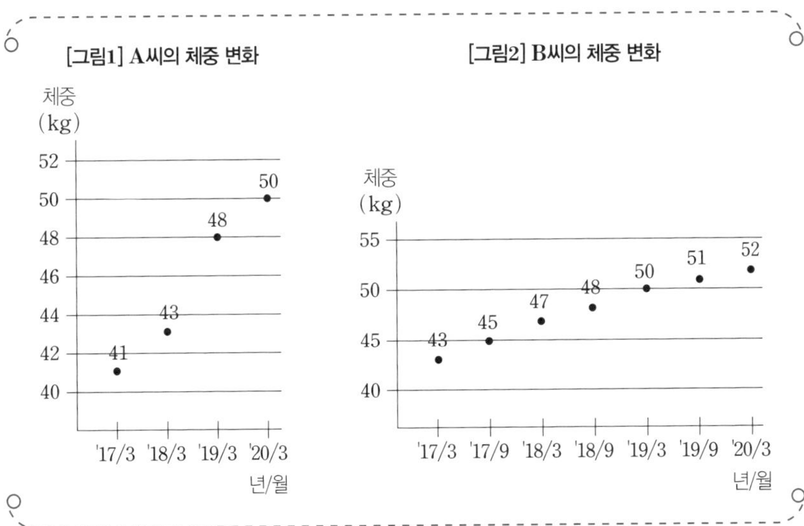

① A씨의 체중 증가율은 B씨의 체중 증가율보다 약 1% 더 높다.

② A씨의 체중 증가율은 B씨의 체중 증가율보다 약 10% 더 높다.

③ A씨의 체중 증가율은 B씨의 체중 증가율보다 약 1% 더 낮다.

④ A씨의 체중 증가율은 B씨의 체중 증가율보다 약 10% 더 낮다.

⑤ A씨의 체중 증가율은 B씨의 체중 증가율보다 약 12% 더 낮다.

정답 해설 A씨의 체중 증가율$=\frac{9}{41}\times 100 \fallingdotseq 21.95(\%)$, B씨의 체중 증가율$=\frac{9}{43}\times 100 \fallingdotseq 20.93(\%)$

3년 전 동월대비 2020년 3월 A씨의 체중 증가율은 B씨의 체중 증가율보다 약 1% 더 높다.

13 다음 [그림]과 [표]는 이동통신 사용자의 회사별 구성비와 향후 회사이동 성향에 관한 자료이다. 1년 뒤 전체 이동통신 사용자의 몇 %가 다른 회사로 이동할 것으로 예측되는가?

[그림] 현재 이동통신 사용자의 회사별 구성비

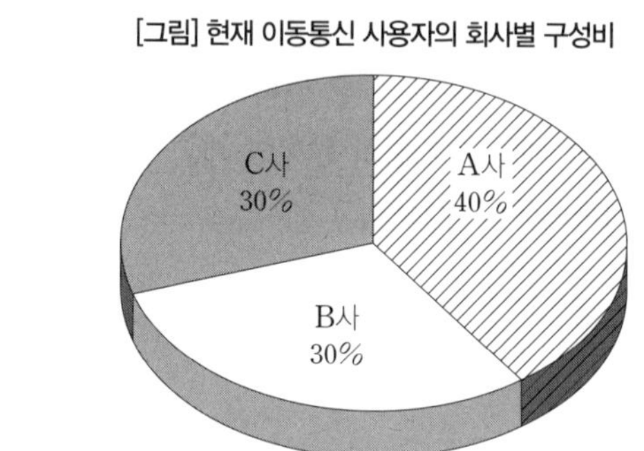

[표] 이동통신 사용자의 회사 이동 성향

(단위 : %)

현재 \ 1년 뒤	A사	B사	C사	합계
A사	80	10	10	100
B사	10	70	20	100
C사	40	10	50	100

※ 시장에 새로 들어오거나 시장에서 나가는 사용자는 없는 것으로 가정함.

① 29%　　② 30%

③ 31%　　④ 32%

⑤ 33%

정답해설 현재 A사의 사용자 중 32%, B사의 사용자 중 21%, C사의 사용자 중 15%는 1년 뒤에도 같은 회사를 이용할 것이다. 따라서 1년 뒤 $100-(32+21+15)=32$(%)는 다른 회사로 이동할 것으로 예측된다.

14 다음 [그림]은 2017년부터 2020년까지 4개 도시의 전년대비 인구증가율을 나타낸 것이다. 2017년부터 2020년까지 각 도시별로 전년대비 인구증가율의 최댓값과 최솟값을 비교할 때 그 차이가 가장 큰 도시는 어디인가?

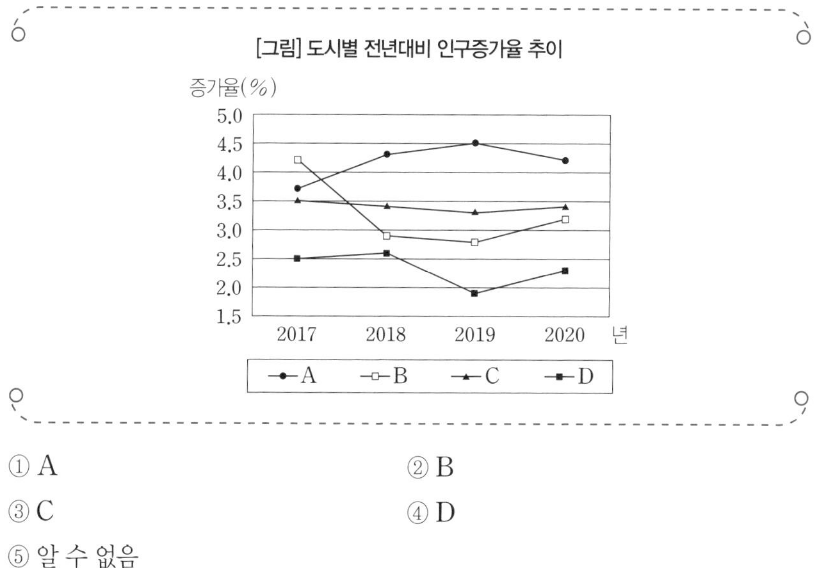

① A ② B

③ C ④ D

⑤ 알 수 없음

정답 해설 2017년부터 2020년까지 각 도시별로 전년대비 인구증가율의 최댓값과 최솟값의 차이를 비교해 보면 A는 약 0.8%, B는 약 1.5%, C는 약 0.2%, D는 약 0.7%이다.

15 다음 [표]는 2019년도 서울권과 세계 주요 대도시권의 교통 관련 통계이다. 인구밀도가 가장 높은 곳은?

[표] 서울권 및 세계 주요 대도시권의 교통 관련 통계

구분	서울권	런던권	파리권	뉴욕권	도쿄권
면적(km^2)	11,719	10,385	12,011	5,793	13,143
인구(천 명)	22,877	11,957	11,027	13,673	32,577
자동차 보유율(대/명)	0.30	0.39	0.46	0.38	0.27
철도연장(km)	489.7	2,125	1,602	1,145	3,128
인구당 철도연장(km/만 명)	0.22	1.78	1.45	0.84	0.96
면적당 철도연장(km/km^2)	0.04	0.20	0.13	0.20	0.24
인구당 고속화도로 연장(km/만 명)	0.31	0.29	0.71	0.98	0.30
면적당 고속화도로 연장(km/km^2)	0.06	0.03	0.07	0.23	0.08

① 서울권
② 런던권
③ 파리권
④ 뉴욕권
⑤ 도쿄권

정답 해설 인구밀도는 면적대비 인구 수이다. 서울권은 약 2, 런던권은 약 1.2, 파리권은 약 0.9, 뉴욕권은 약 2.4, 도쿄권은 약 2.5이므로 인구밀도는 도쿄권이 가장 높다.

이 문제 중요!

16 다음 [표]는 폐기물 매립지 주변의 거주민 1,375명을 대상으로 특정 질환 환자 수를 파악한 것이다. 매립지 주변 거주민 중 환자의 비율을 구하면?

[표] 거주민 특성별 특정 질환 환자 수 현황

구분	매립지와의 거리			
	1km 미만	1~2km 미만	2~3km 미만	3~5km 미만
거주민	564	428	282	101
호흡기 질환자 수	94	47	77	15
피부 질환자 수	131	70	102	42
구분	연령			
	19세 이하	20~39세	40~59세	60세 이상
거주민	341	405	380	249
호흡기 질환자 수	76	41	49	67
피부 질환자 수	35	71	89	150
구분	거주기간			
	1년 미만	1~5년 미만	5~10년 미만	10년 이상
거주민	131	286	312	646
호흡기 질환자 수	15	23	41	154
피부 질환자 수	10	37	75	223

※ 환자 수＝호흡기 질환자 수＋피부 질환자 수
(단, 위의 2가지 질환을 동시에 앓지는 않음.)

① 약 21%
② 약 35%
③ 약 42%
④ 약 58%
⑤ 약 61%

정답 해설 환자 중 두 가지 질환을 동시에 앓지는 않는다고 했으므로 매립지 주변 거주민 중 환자의 비율은

$$\frac{(94+131+47+70+77+102+15+42)}{1,375}\times 100 \fallingdotseq 42(\%)$$ 이다.

17 다음 [표]는 대기배출량에 관한 연도별 자료이다. 다음 중 2019년 대기배출량 중 미세먼지 비율이 전년대비 얼마나 늘었는가? (단, 소수점 둘째자리에서 반올림함)

[표] 연도별 대기배출량

(단위 : 천 톤)

구분	2018년	2019년
합계	3,511	3,777
일산화탄소	497	689
질소산화물	1,075	1,090
황산화물	217	204
미세먼지	1,245	1,320
암모니아	290	280
휘발성 유기화합물	187	194

① 0.3%
② 0.4%
③ 0.5%
④ 0.6%
⑤ 0.7%

정답해설 2018년 대기배출량 중 미세먼지 비율은 $\frac{1,245}{3,511} \times 100 \fallingdotseq 35.5\%$

2019년 대기배출량 중 미세먼지 비율은 $\frac{1,320}{3,777} \times 100 \fallingdotseq 34.9\%$

이 문제 중요!

18 다음 [표]는 2014년에서 2020년까지 주요 교통수단별 인구 10만 명당 교통사고 사망자 수를 나타낸 자료이다. [표]에 대한 해석 중 옳지 않은 것은?

[표] 교통수단별 인구 10만 명당 교통사고 사망자 수 변화 추이

(단위 : 명)

교통수단 \ 연도	2014년	2015년	2016년	2017년	2018년	2019년	2020년
A	31.5	30.0	28.2	25.5	23.3	24.0	24.3
B	24.5	23.5	22.0	21.4	20.0	20.7	21.3
C	14.1	17.0	18.9	19.4	21.6	22.1	24.4
D	4.2	4.5	5.5	6.7	7.3	7.9	8.9
E	1.5	1.7	2.0	2.2	2.1	2.4	4.9
F	5.2	7.2	7.0	6.5	5.3	3.8	5.6
합계	81.0	83.9	83.6	81.7	79.6	80.9	89.4

① C에 의한 사고의 경우 인구 10만 명당 사망자 수는 지속적으로 증가하고 있다.
② C에 의한 사고의 경우 2020년과 2014년의 인구 10만 명당 사망자 수의 절대적인 차이는 다른 교통수단에 의한 것보다 크다.
③ 2014년에 비해서 2020년 인구 10만 명당 사망자 수가 증가한 교통사고는 C, D, E, F에 의한 것이다.
④ 2018년까지 A, B에 의한 교통사고 건수는 점차 감소하는 추세를 보이고 있다.
⑤ 2020년에는 E에 의한 인구 10만 명당 교통사고 사망자 수가 가장 작다.

정답 해설 주어진 자료는 교통수단별 인구 10만 명당 교통사고 사망자 수 변화 추이로 교통사고 건수는 알 수 없다.

19 다음 [표]는 범죄의 발생 검거상황에 관한 자료이다. 검거율이 가장 높은 범죄는?

[표] 범죄의 발생 검거상황

(단위 : 건)

구분	발생건수	검거건수
재산범죄	573,445	389,937
강력범죄(흉악)	32,963	31,668
강력범죄(폭력)	251,889	239,831
위조범죄	18,569	14,078
과실범죄	7,708	6,912

※ 검거율 : 발생건수에 대한 검거건수의 백분율

① 재산범죄
② 강력범죄(흉악)
③ 강력범죄(폭력)
④ 위조범죄
⑤ 과실범죄

정답 해설 재산범죄 : $\frac{389,937}{573,445} \times 100 \fallingdotseq 68\%$

강력범죄(흉악) : $\frac{31,668}{32,963} \times 100 \fallingdotseq 96.1\%$

강력범죄(폭력) : $\frac{239,831}{251,889} \times 100 \fallingdotseq 95.2\%$

위조범죄 : $\frac{14,078}{18,569} \times 100 \fallingdotseq 75.8\%$

과실범죄 : $\frac{6,912}{7,708} \times 100 \fallingdotseq 89.7\%$

소요시간		채점결과	
목표시간	20분 30초	총 문항수	19문항
실제 소요시간	( )분 ( )초	맞은 문항 수	( )문항
초과시간	( )분 ( )초	틀린 문항 수	( )문항

정답 19 ②

도형추리 및
도식적추리

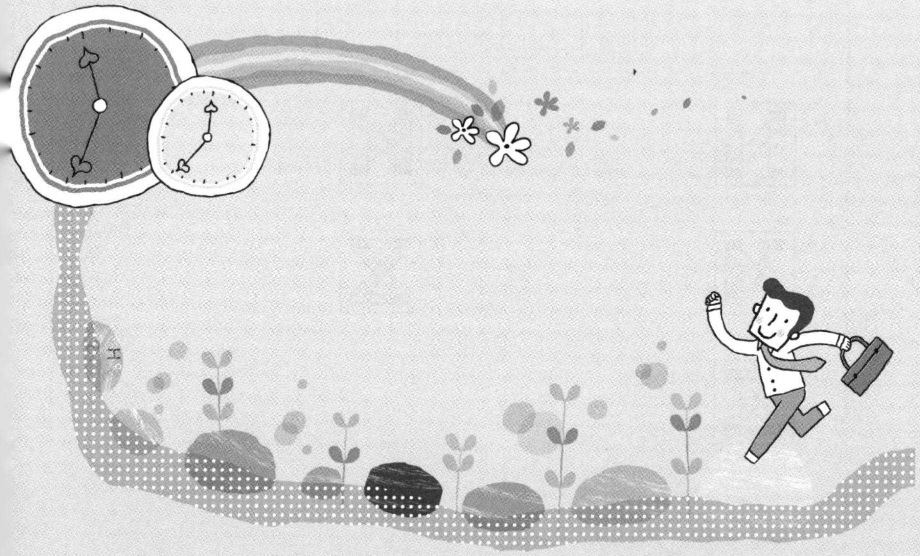

3DAY

도형추리

기출유형분석

문제풀이 시간 : 50초

▶ 다음에 주어진 변환 규칙에 따라 보기의 점을 변환할 때 최종 모양으로 옳은 것을 고르시오.

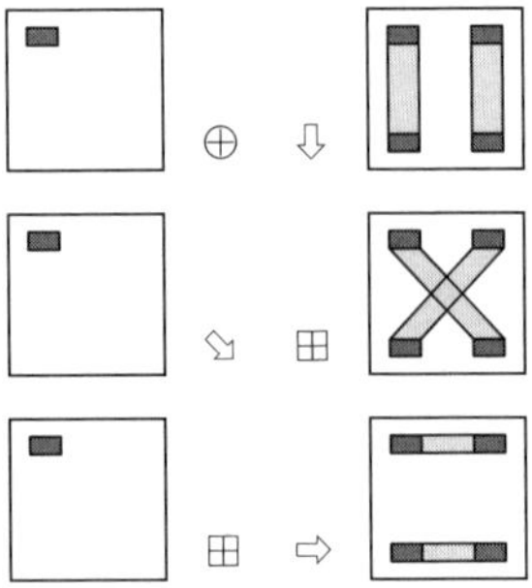

⊕ ⇩

⬂ ⊞

⊞ ⇨

보기

⬂ ⇧ ⊕ ?

①

②

③

④

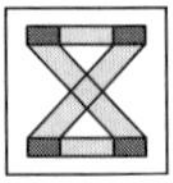

⑤

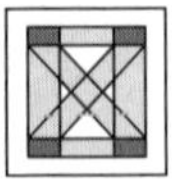

아래와 같은 규칙이 있다.

⇨ : 화살표 방향에 따라 점이 자취를 남기며 이동

⊕ : 좌우 대칭 복사

⊞ : 상하 대칭 복사

따라서 다음과 같이 변환된다.

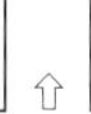

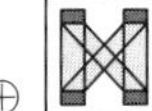

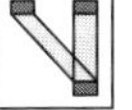

도형추리

- 도형이 변화하는 과정을 보여 주고 마지막 도형의 모양을 유추해야 한다.
- 다수의 규칙이 복합적으로 적용된다.
- 시험에 앞서 예제를 제시하고 분석할 수 있는 시간을 준다.

정답 ②

[01~05] 다음에 주어진 변환 규칙을 유추하여 질문에 답하시오.

총 문항 수 : 5문항 | 총 문제풀이 시간 : 3분 | 문항당 문제풀이 시간 : 30~40초

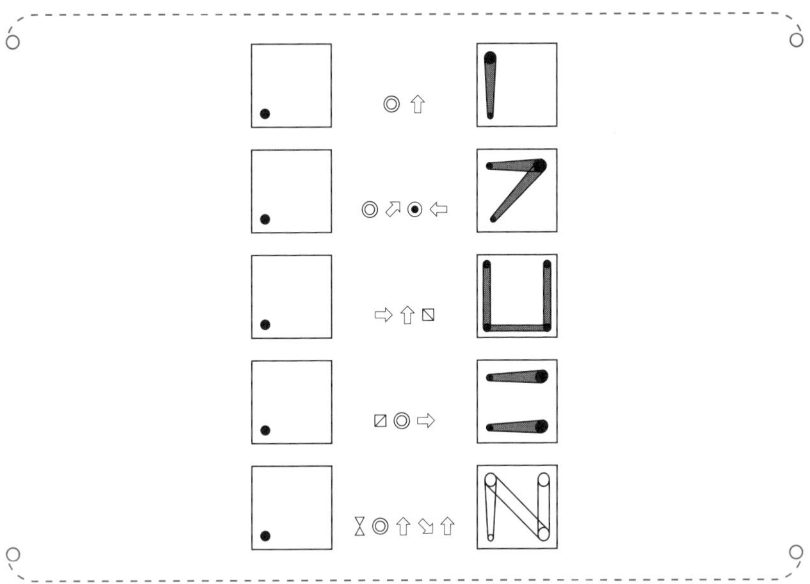

01 주어진 변환 규칙에 따라 아래의 점을 변환할 때 최종 모양으로 옳은 것을 고르면?

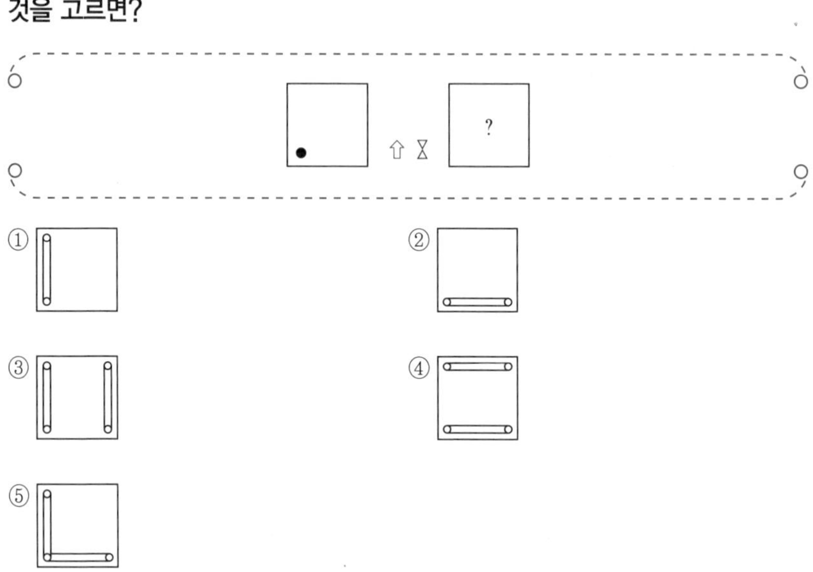

정답 해설 다음과 같이 변환된다.

⇨ : 화살표 방향에 따라 점이 자취를 남기며 이동

⏳ : 색 반전

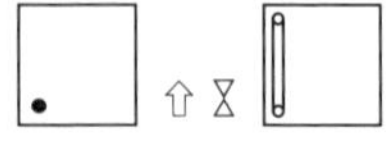

02 주어진 변환 규칙에 따라 아래의 점을 변환할 때 최종 모양으로 옳은 것을 고르면?

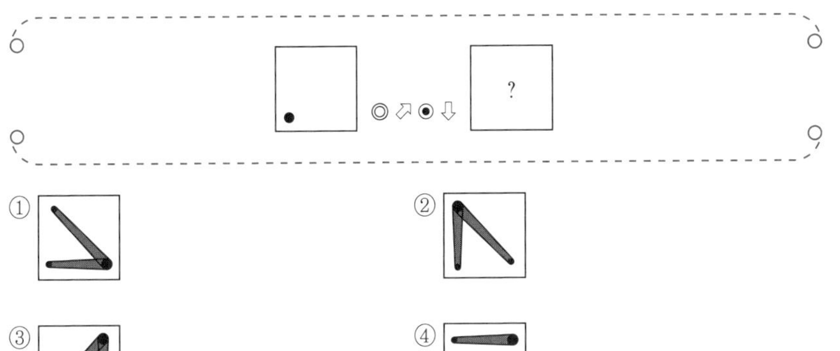

①

②

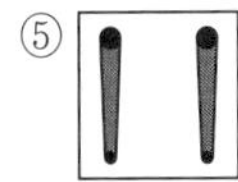

④

⑤

다음과 같이 변환된다.

⇨ : 화살표 방향에 따라 점이 자취를 남기며 이동

◎ : 자취가 점점 굵어짐

⊙ : 자취가 점점 얇아짐

1DAY 2DAY 3DAY

03 주어진 변환 규칙에 따라 아래의 점을 변환할 때 최종 모양으로 옳은 것을 고르면?

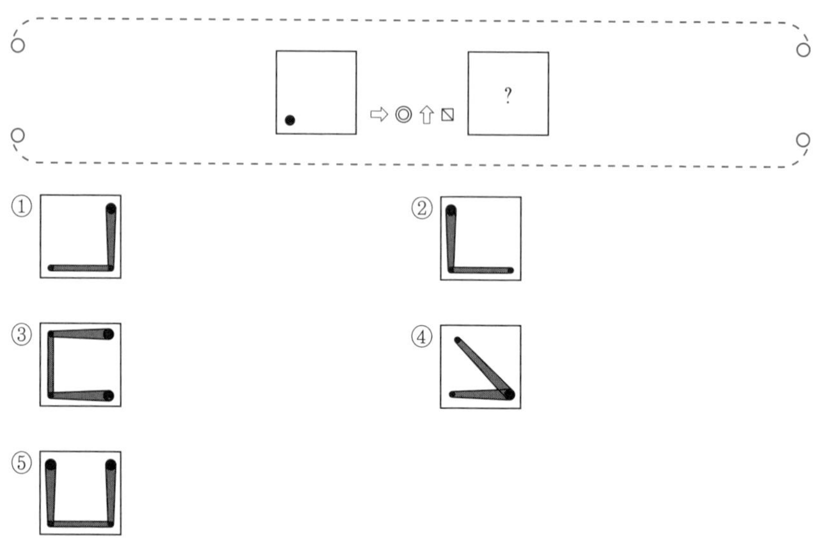

정답 해설 다음과 같이 변환된다.

⇨ : 화살표 방향에 따라 점이 자취를 남기며 이동

◎ : 자취가 점점 굵어짐

⧅ : 좌우 대칭 복사

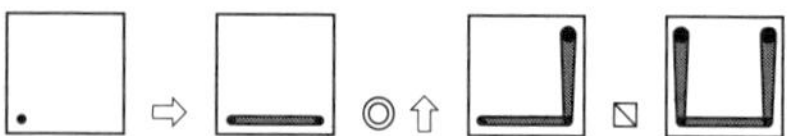

04 주어진 변환 규칙에 따라 아래의 점이 변환되었다. 이때 어떤 규칙에 의해 변환되었는지 고르면?

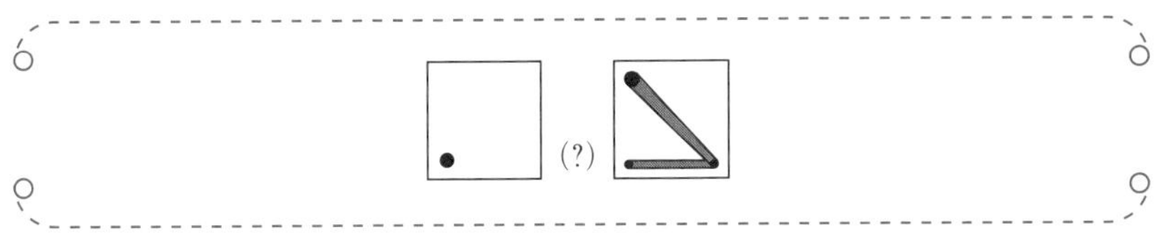

① ⇨ ◎ ⇖　　② ⇨ ◉ ⇖

③ ◪ ◎ ⇖　　④ ⇨ ◩ ⧗

⑤ ⧗ ◎ ⇖

정답해설 변환된 점을 규칙에 따라 보면 다음과 같다.

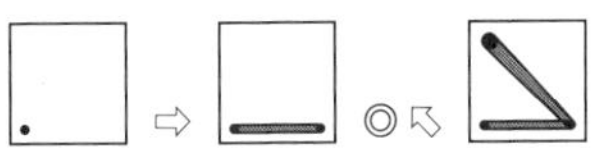

05 주어진 변환 규칙에 따라 아래의 점이 변환되었다. 이때 어떤 규칙에 의해 변환되었는지 고르면?

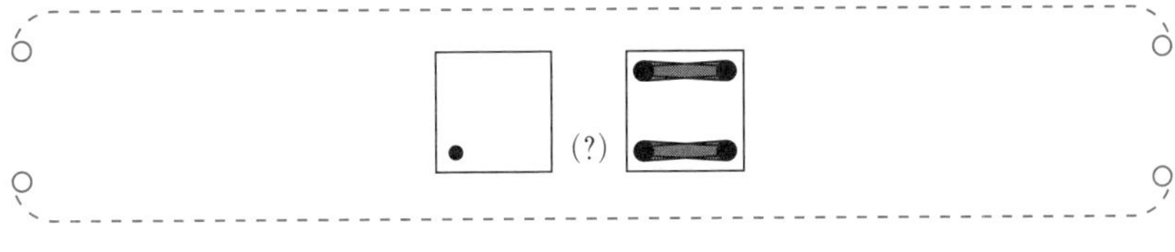

① ◉ ⇨ ◩　　② ◎ ⇨ ◪

③ ⇨ ◎ ⇖　　④ ◎ ⇨ ◩ ◪

⑤ ⧗ ⇨ ⇗ ◉

정답 해설 변환된 점을 규칙에 따라 보면 다음과 같다.

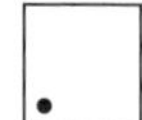 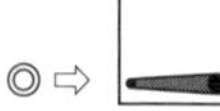 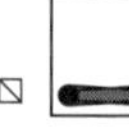  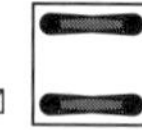

[06~08] 화살표를 따라 일정한 규칙 A, B, C를 적용하여 도형이 변환되고 있다. 다음 보기를 참고하여 (?)에 들어갈 알맞은 모양을 고르시오.

총 문항 수 : 3문항 | 총 문제풀이 시간 : 3분 | 문항당 문제풀이 시간 : 50~60초

1. 가장 위의 규칙은 사각형의 가장 바깥쪽 칸에 적용된다.

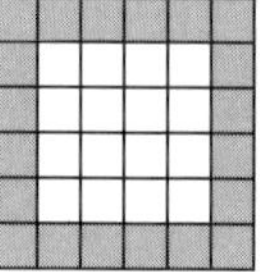

2. 중간의 규칙은 사각형의 중간 칸에 적용된다.

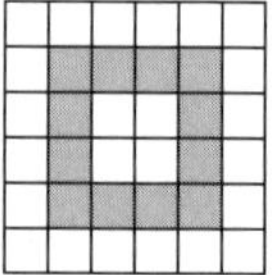

3. 가장 아래의 규칙은 사각형의 가장 안쪽 칸에 적용된다.

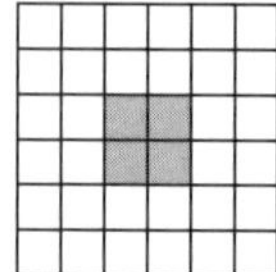

06

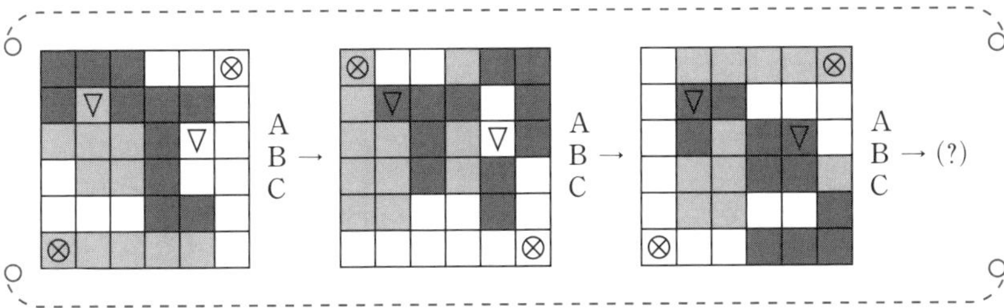

①
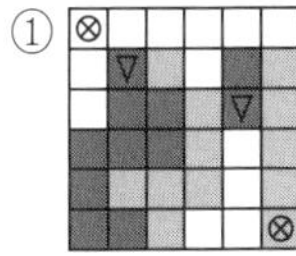

②
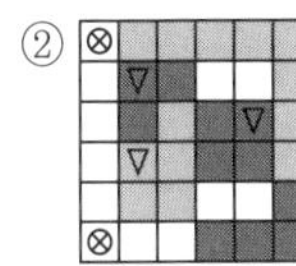

③
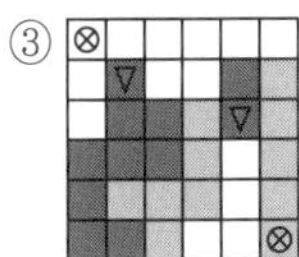

④
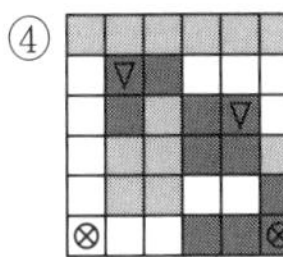

⑤
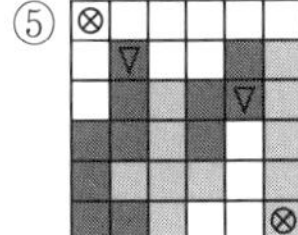

다음과 같은 규칙을 갖는다.

A : 배경색을 시계 방향으로 90° 회전

B : 배경색을 시계 반대방향으로 한 칸씩 이동

C : 배경색 서로 교체

이 문제 중요!

07

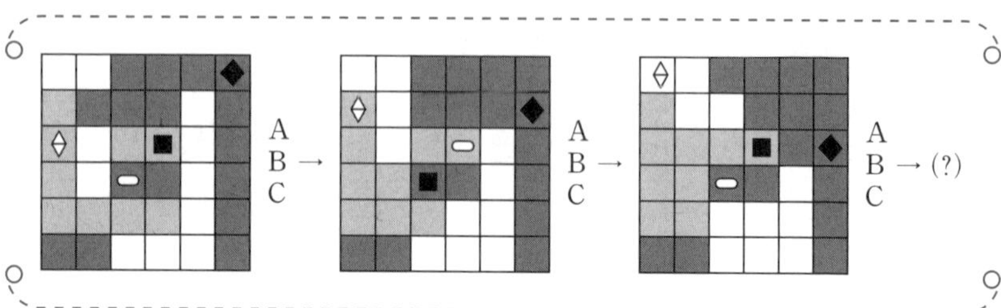

① 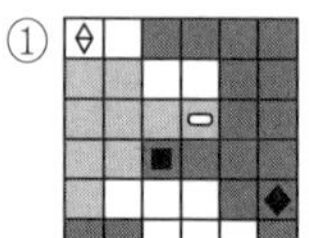

② 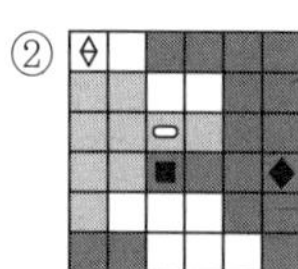

③ 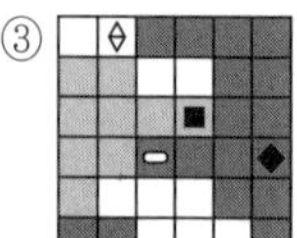

④ 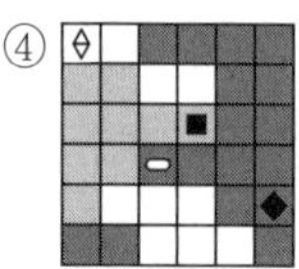

⑤ 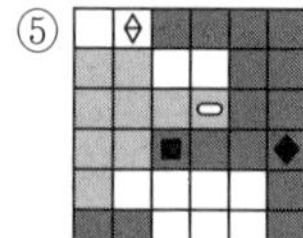

정답 해설 다음과 같은 규칙을 갖는다.

A : 도형을 시계 방향으로 한 칸씩 이동

B : 배경색을 시계 방향으로 한 칸씩 이동

C : 도형을 서로 교체

08

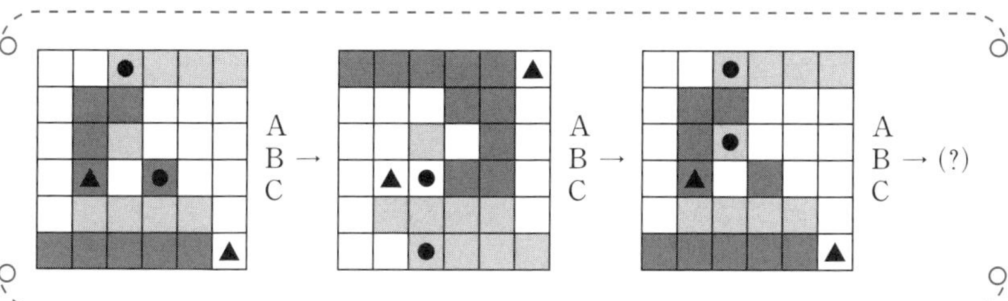

① 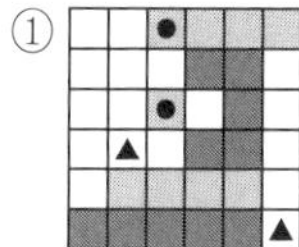

② 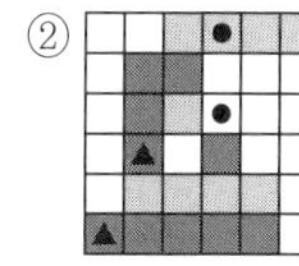

③ 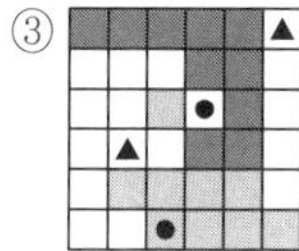

④ 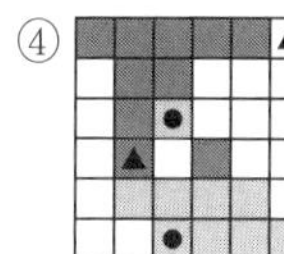

⑤ 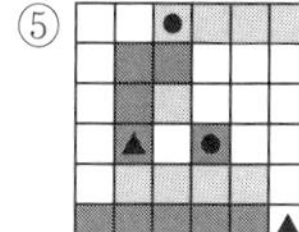

정답 해설 다음과 같은 규칙을 갖는다.

A : 배경색을 상하 대칭

B : 배경색을 좌우대칭

C : 도형을 시계방향으로 한 칸씩 이동

[09~10] 다음 조건들의 규칙을 적용할 때 최종적으로 도출되는 도형을 고르시오.

총 문항 수 : 2문항 | 총 문제풀이 시간 : 2분 | 문항당 문제풀이 시간 : 50~60초

[조건1]

$\frac{a}{b}$ ㉠ $\frac{c}{d}=\frac{a}{d}$

$\frac{a}{b}$ ㉡ $\frac{c}{d}=\frac{c}{b}$

[조건2]

$\left(\frac{a}{b}\right)^1$: 분모와 분자 교환

$\left(\frac{a}{b}\right)^2$: 좌우 대칭

$\left(\frac{a}{b}\right)^3$: 상하 대칭

$\left(\frac{a}{b}\right)^4$: 시계 방향으로 90° 회전

$\left(\frac{a}{b}\right)^5$: 시계 반대방향으로 90° 회전

A	B	C	D
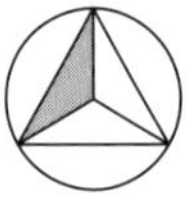	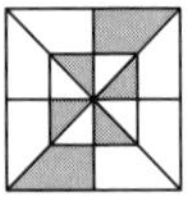	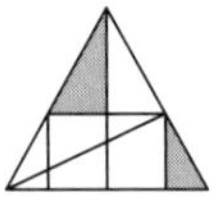	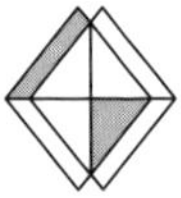

09 $\left(\frac{B}{C}\right)^1$ ㉠ $\left(\frac{C}{A}\right)^4$

①

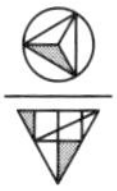

②

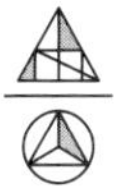

③

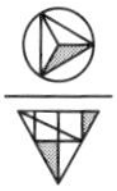

④

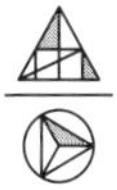

⑤

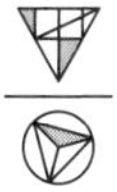

정답 해설 $\left(\frac{B}{C}\right)^1$ ㉠ $\left(\frac{C}{A}\right)^4 = \left(\frac{C}{B}\right)$ ㉠ $\left(\frac{C^4}{A^4}\right) = \frac{C}{A^4} =$

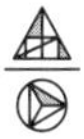

10 $\left(\frac{B}{D}\right)^3$ ㉡ $\left(\frac{C}{A}\right)^5$

①

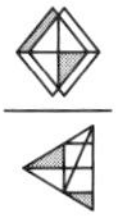

②

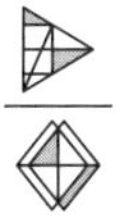

③

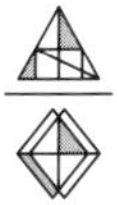

④

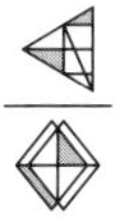

⑤

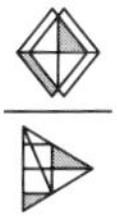

정답 해설 $\left(\frac{B}{D}\right)^3$ ㉡ $\left(\frac{C}{A}\right)^5 = \left(\frac{B^3}{D^3}\right)$ ㉡ $\left(\frac{C^5}{A^5}\right) = \frac{C^5}{D^3} =$

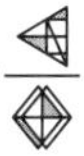

[**11~12**] **다음에 주어진 입체도형을 규칙에 따라 변환하면 아래와 같은 모양으로 변한다고 한다. 아래 규칙을 참고하여 변환될 도형의 마지막 모양을 고르시오.**

총 문항 수 : 2문항 | 총 문제풀이 시간 : 2분 | 문항당 문제풀이 시간 : 50~60초

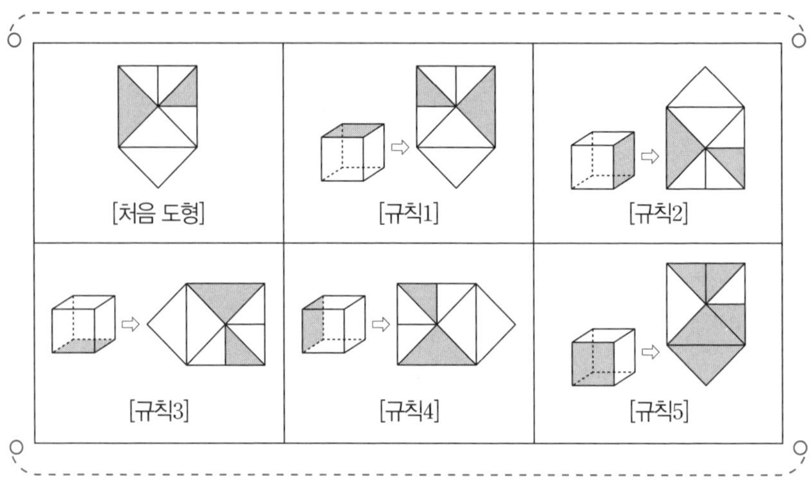

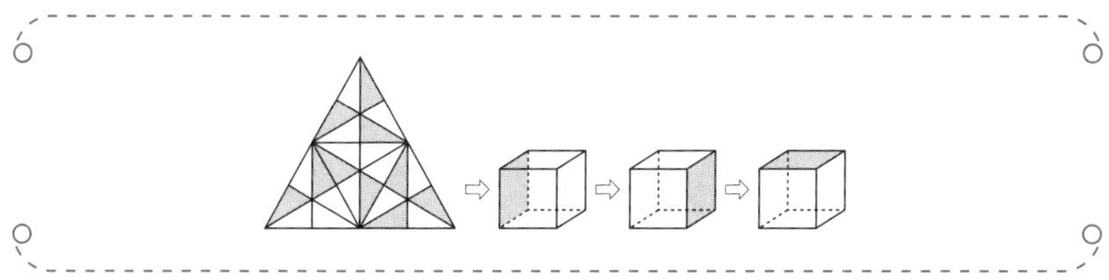

① 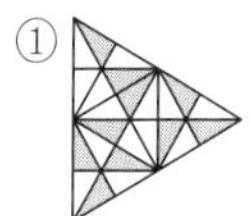

② 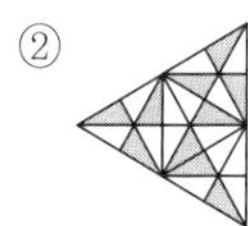

③ 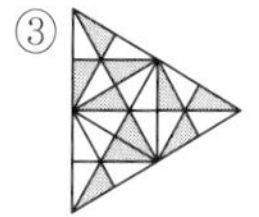

④ 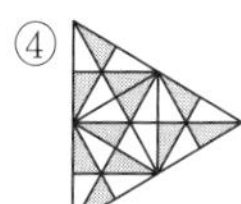

⑤ 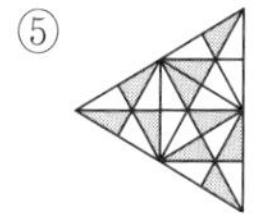

정답 해설 주어진 규칙에 따라 다음과 같은 과정을 따른다.

[규칙4] 시계 반대방향으로 90° 회전

[규칙2] 상하 대칭

[규칙1] 좌우 대칭

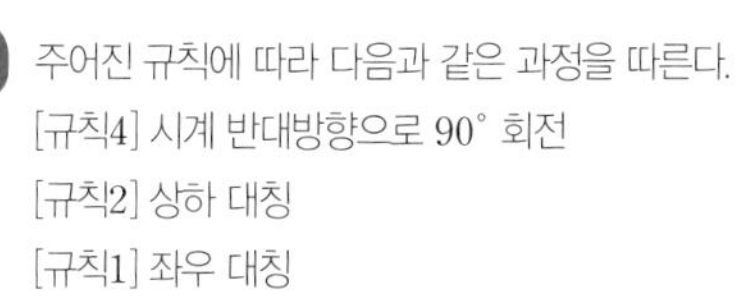

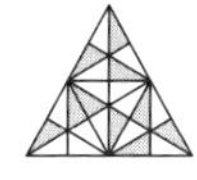

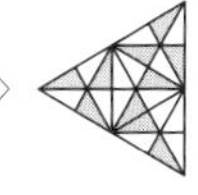

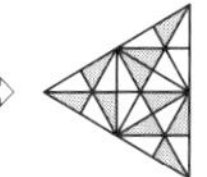

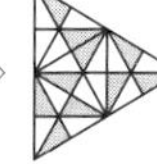

정답 11 ①

이 문제 중요!

12

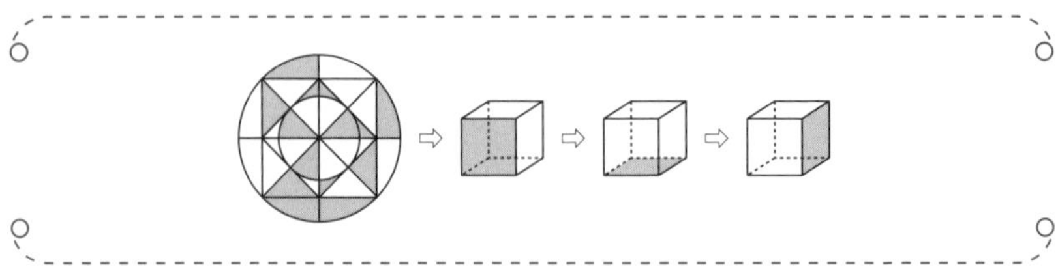

① 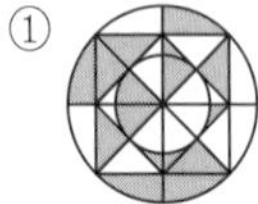

② 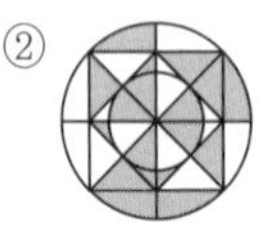

③ 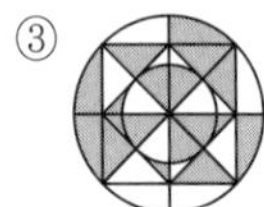

④ 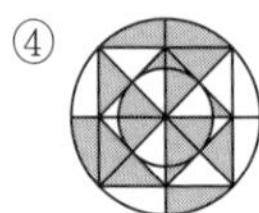

⑤ 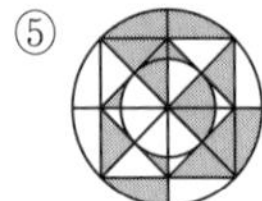

정답 해설 주어진 규칙에 따라 다음과 같은 과정을 따른다.

[규칙5] 색 반전

[규칙3] 시계 방향으로 90° 회전

[규칙2] 상하 대칭

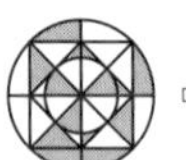 ⇨ 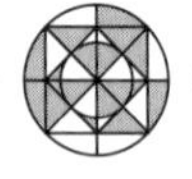 ⇨ 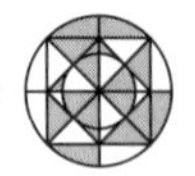 ⇨ 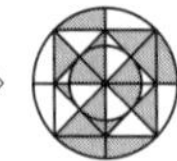

[13~14] 다음에 배열된 도형에서 일정한 규칙을 찾아 ?에 들어갈 알맞은 도형을 고르시오.

총 문항 수 : 2문항 | 총 문제풀이 시간 : 1분 | 문항당 문제풀이 시간 : 30초

13

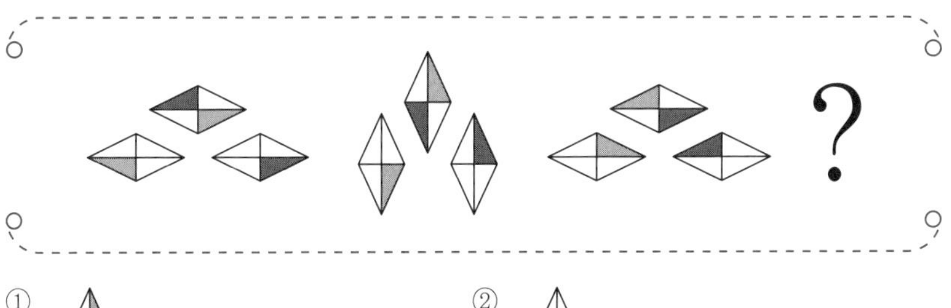

① 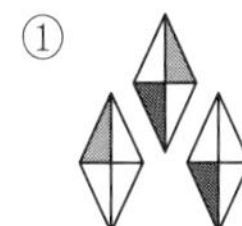

② 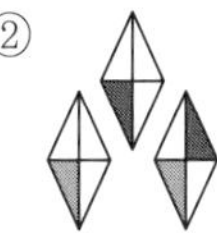

③ 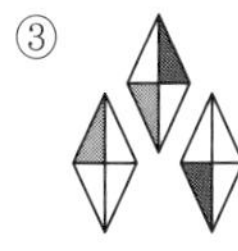

④ 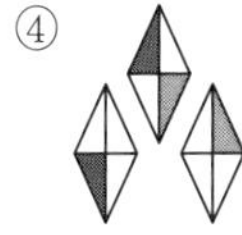

⑤ 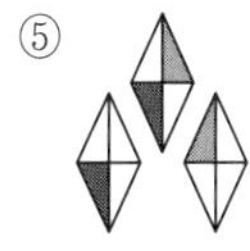

세 개의 마름모를 각각 하나의 도형으로 봤을 때, 세 도형은 각각 시계 반대 방향으로 90°씩 회전하고 있다.

14

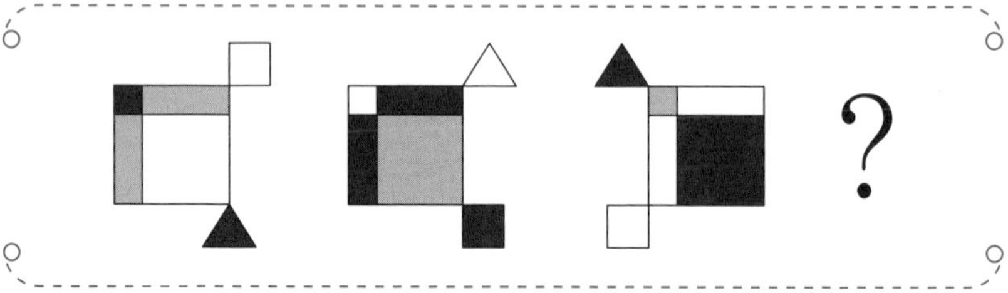

?

① 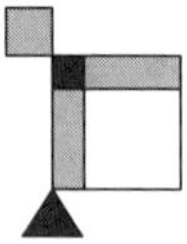 ② 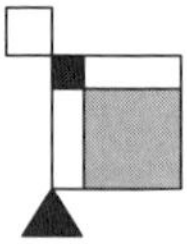 ③ 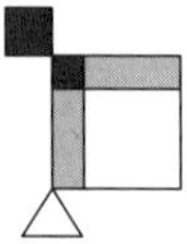 ④ 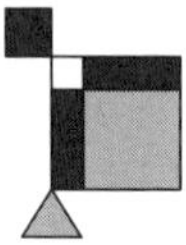 ⑤

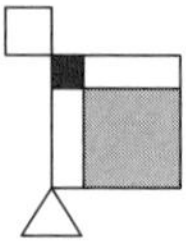

정답 해설 도형을 큰 사각형, 작은 사각형, 삼각형으로 따로 나누어 살핀다. 큰 사각형은 색깔이 흰색 → 회색 → 검은색 → 흰색 순으로 바뀌고 있다. 작은 사각형은 시계 방향으로, 삼각형은 시계 반대 방향으로 움직이고 있으며, 색깔이 흰색 → 검은색 순으로 바뀌고 있다.

소요시간		채점결과	
목표시간	11분	총 문항수	14문항
실제 소요시간	( )분 ( )초	맞은 문항 수	( )문항
초과시간	( )분 ( )초	틀린 문항 수	( )문항

3DAY

도식적추리

기출유형분석

문제풀이 시간 : 1분

▶ 모든 음표는 계이름과 박자로 구성되어 있고 다음에 주어진 조건에 따라 계이름과 박자가 변화한다. 주어진 음표가 변할 때, (?)에 들어갈 알맞은 모양을 고르시오.

[변환규칙]

♯N　모든 음표의 계이름을 N칸씩 올림 (단, 7을 넘어가면 1에서 시작)

♭N　모든 음표의 계이름을 N칸씩 내림 (단, 7을 넘어가면 1에서 시작)

(N)　모든 음표의 박자를 $\frac{1}{N}$배 (단, $\frac{1}{8}$박을 넘어가면 4박에서 시작)

(N)　모든 음표의 박자를 N배 (단, 4박을 넘어가면 $\frac{1}{8}$박에서 시작)

(N)　모든 음표의 계이름 성분은 유지한 채 박자만 오른쪽으로 N칸씩 이동 (단, 오른쪽 끝을 넘어가면 왼쪽 끝에서 시작)

(N)　모든 음표의 박자 성분은 유지한 채 계이름만 오른쪽으로 N칸씩 이동 (단, 오른쪽 끝을 넘어가면 왼쪽 끝에서 시작)

↻　가운데 기준으로 음표 좌우 대칭 변환

[비교규칙]

[N]　N번째 음표의 박자와 비교

[N]　N번째 음표의 계이름과 비교

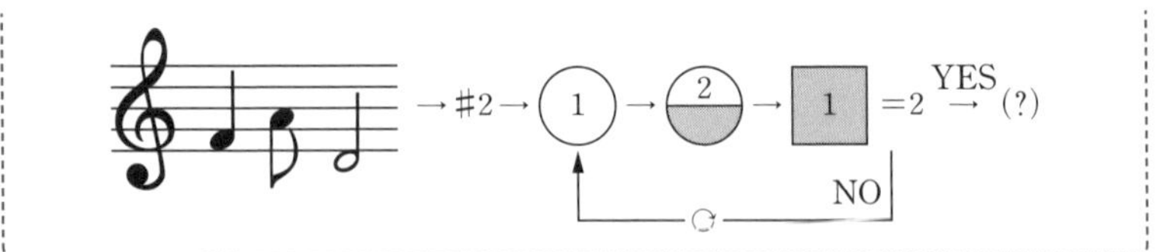

① 

② 

③ 

④ 

⑤ 

다음과 같은 과정을 거친다.

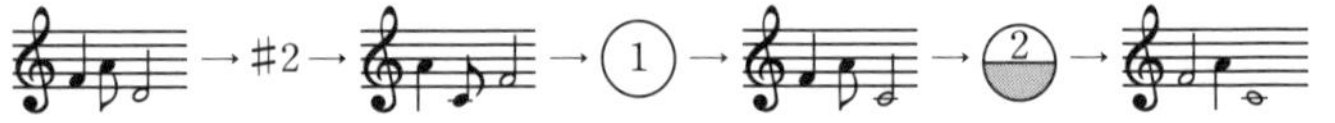

정답 ①

[01~02] 기출유형분석의 주어진 조건에 따라 보기의 음표가 변할 때, (?)에 들어갈 알맞은 모양을 고르시오.

총 문항 수 : 2문항 | 총 문제풀이 시간 : 2분 | 문항당 문제풀이 시간 : 1분

01

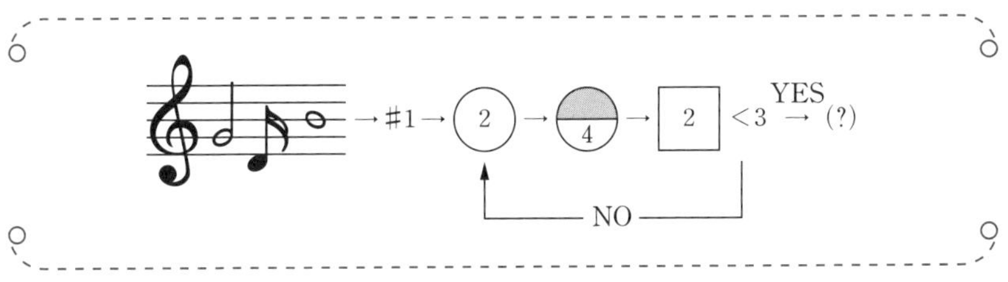

① 

② 

③ 

④ 

⑤ 

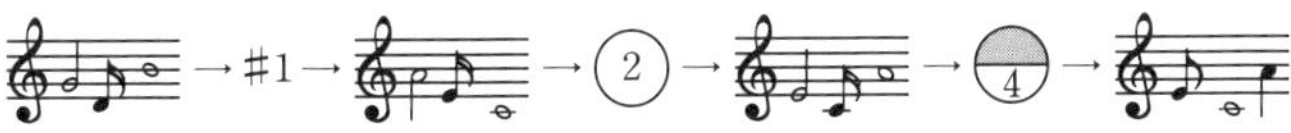

이 문제 중요!

02

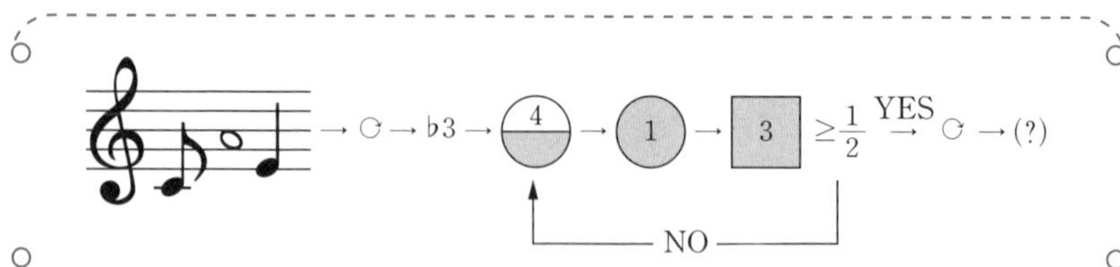

① 

② 

③

④ 

⑤

정답 해설 다음과 같은 과정을 거친다.

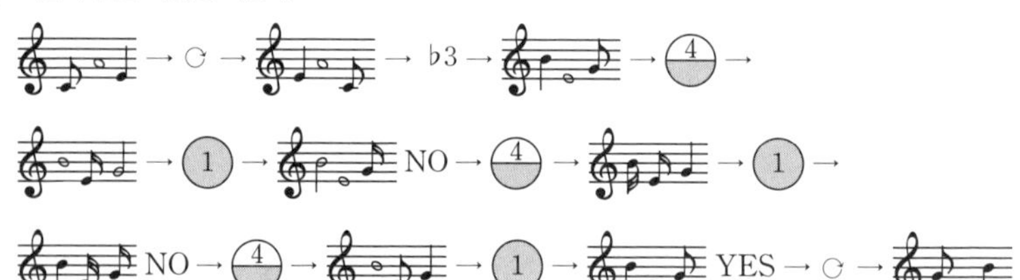

[03~04] 다음 제시된 규칙에 따라 변환할 때, 마지막에 나올 수 있는 모양으로 적절한 것을 고르시오.

총 문항 수 : 2문항 | 총 문제풀이 시간 : 2분 | 문항당 문제풀이 시간 : 50초~1분

[규칙]

P⤩Q : P행과 Q행 바꾸기　　P⤨Q : P열과 Q열 바꾸기

↻ : 시계 방향으로 90° 회전　　↺ : 반시계 방향으로 90° 회전

⊙ : 좌우반전　　◈ : 상하반전

= : 색 반전

03

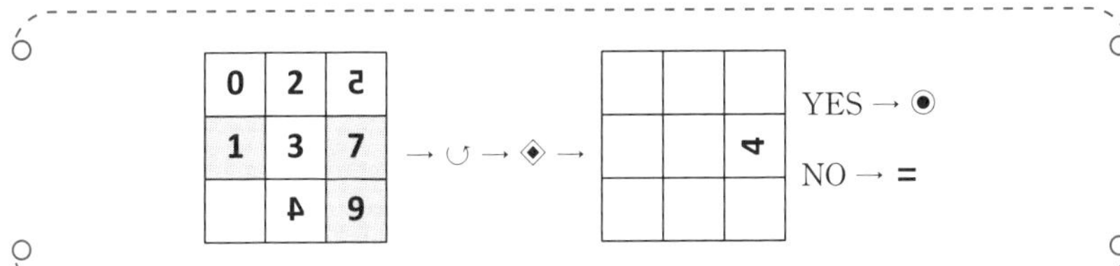

①

5	7	9
2	3	4
0	1	

②

	1	0
4	3	2
9	7	5

③

0	1	
2	3	4
5	7	9

④

	1	0
4	3	2
9	7	5

⑤

	1	0
4	3	5
6	7	2

정답 02 ① | 03 ④

정답 해설 다음과 같은 과정을 거친다.

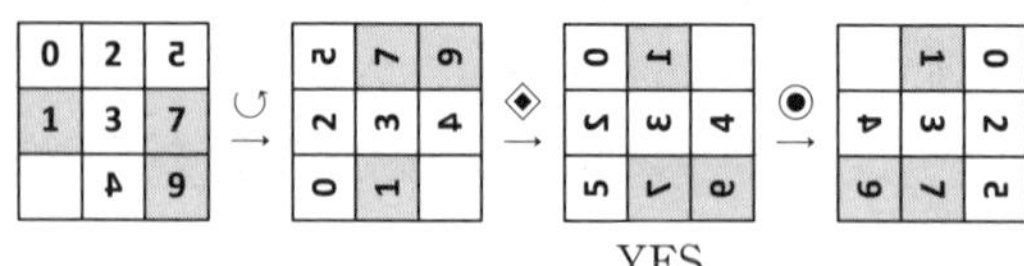

04

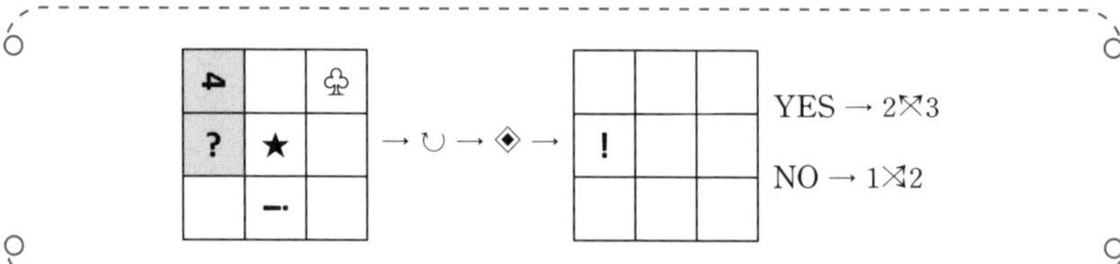

①

		♧
¡	★	
	¿	4

②

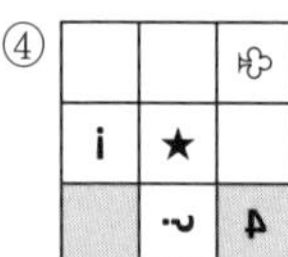

③

		♧
★	!	
¿		4

④

		♧
¡	★	
	¿	4

⑤

		♧
★	¡	
¿		4

 다음과 같은 과정을 거친다.

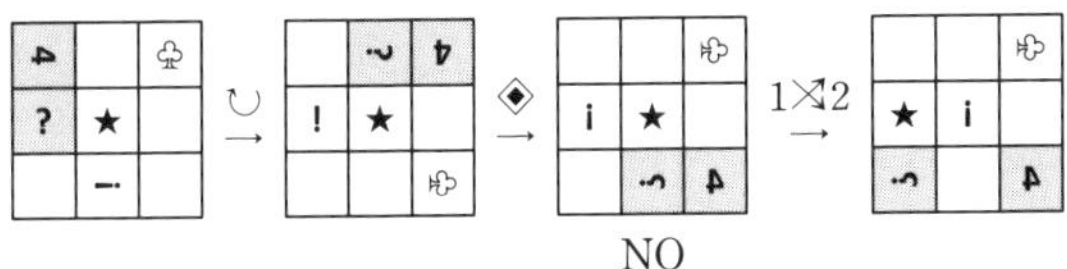

[05~07] 다음 제시된 [규칙]과 [조건]에 따라 변환할 때, 마지막에 나올 수 있는 모양으로 적절한 것을 고르시오.

총 문항 수 : 3문항 | 총 문제풀이 시간 : 3분 | 문항당 문제풀이 시간 : 50초~1분

[규칙]

A : 1행을 3행에 복사해서 붙여 넣는다.

B : 1열을 3열에 복사해서 붙여 넣는다.

C : 1열과 3열을 교환한다.

D : 가운데를 중심으로 시계방향으로 한 칸씩 이동한다.(가운데 칸은 움직이지 않는다.)

[조건]

⊞ : 시작 도형과 색이 같은가?

⊠ : 시작 도형과 모양이 같은가?

05

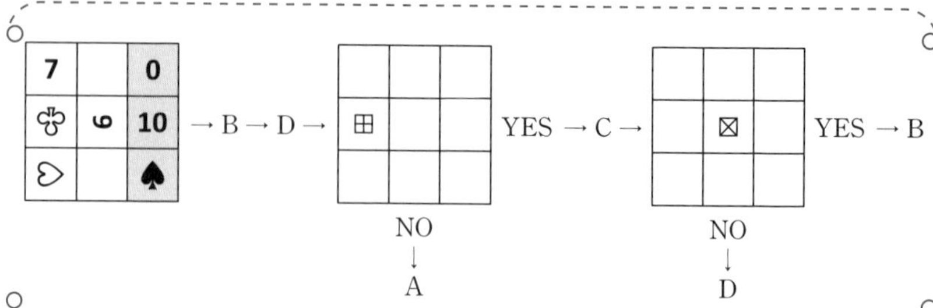

①

②

7		7
♧	6	♧
♡		♡

③

	7	
7	6	7
♧	♡	♧

④

7		7
♧	9	♧
♡		♡

⑤

	7	
	6	7
♧	♡	♧

다음과 같은 과정을 거친다.

7		0
♧	6	10
♡		♠

B →

7		7
♧	6	♧
♡		♡

D →

♧	7	
♡	6	7
	♡	♧

YES

C →

	7	♧
7	6	♡
♧	♡	

YES

B →

	7	
7	6	7
♧	♡	♧

06

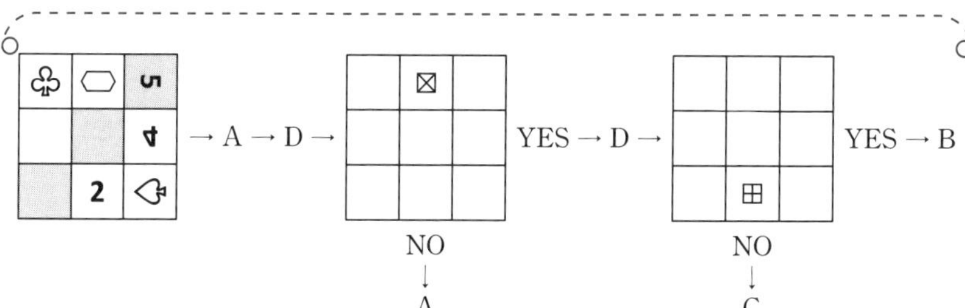

①

⬯	♧	
♧		5
	♧	⬭

②

	♧	⬭
♧		5
⬭	5	4

③

♧	⬭	5
		4
♧	⬭	5

④

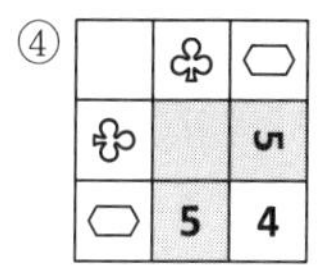

	♧	⬭
♧		5
⬭	5	4

⑤

	♧	⬭
♧		5
	♧	⬭

다음과 같은 과정을 거친다.

♧	⬭	5
		4
	2	♤

A →

♧	⬭	5
		4
♧	⬭	5

D →

	♧	⬭
♧		5
⬭	5	4

NO

A →

	♧	⬭
♧		5
	♧	⬭

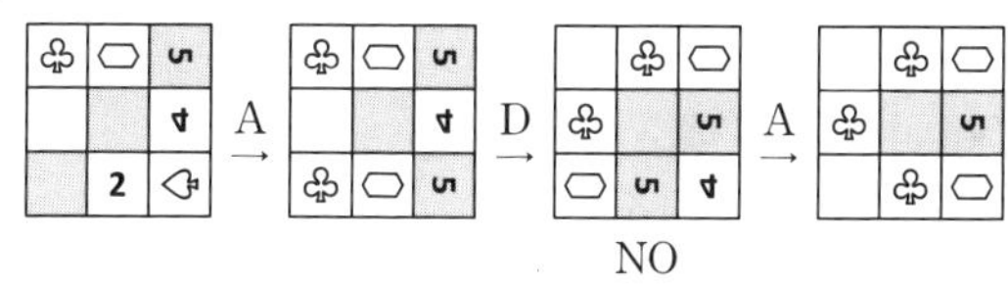

07

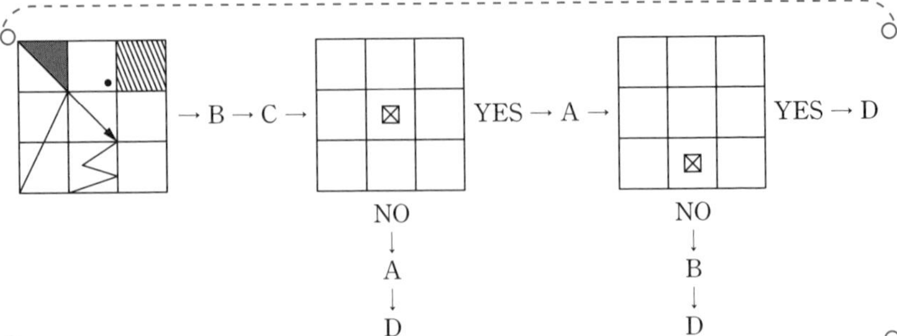

① 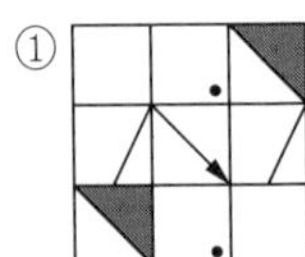

② 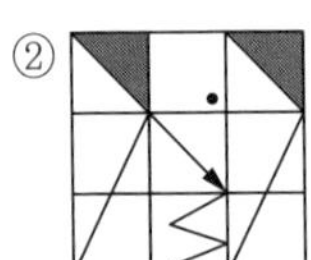

③ 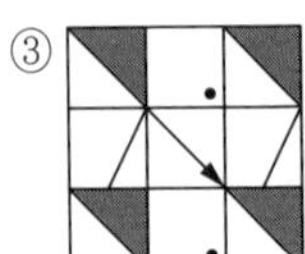

④ 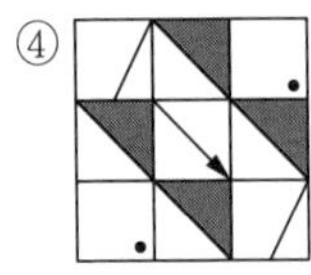

⑤ 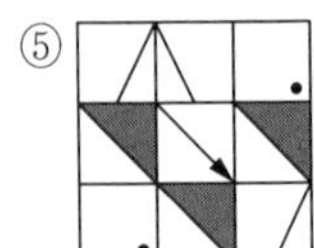

정답해설 다음과 같은 과정을 거친다.

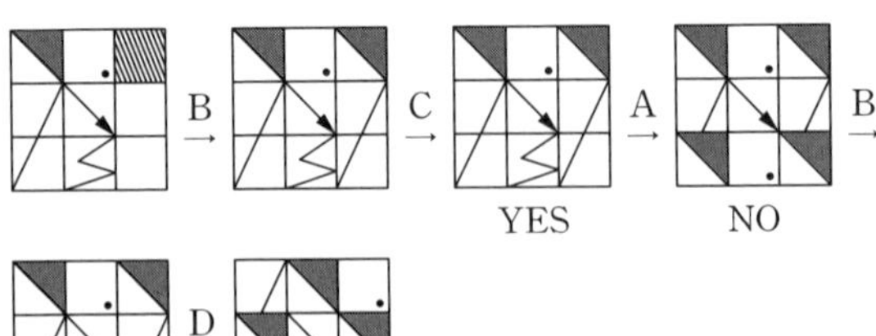

[08~11] 주어진 조건에 따라 변환했을 때, 물음표에 들어갈 알맞은 수를 고르시오.

총 문항 수 : 4문항 | 총 문제풀이 시간 : 6분 | 문항당 문제풀이 시간 : 1분 30초

: 표시한 자리에 있는 문자 위치 바꾸기

: 표시된 숫자만큼 시계 방향으로 회전

: 표시된 숫자만큼 반시계 방향으로 회전

: 색칠한 칸에 있는 문자를 수로 바꾸어 더하기

: 색칠되지 않은 칸에 있는 문자를 수로 바꾸어 곱하기

: 순서도의 결과값이 해당 수보다 큰지 판단하는 기호

: 순서도의 결과값이 해당 수보다 작은지 판단하는 기호

A	B	C	D	E	F	G	H	I	J	K	L	M
1	2	3	4	5	6	7	8	9	10	11	12	13
N	O	P	Q	R	S	T	U	V	W	X	Y	Z
14	15	16	17	18	19	20	21	22	23	24	25	26

정답 07 ④

08

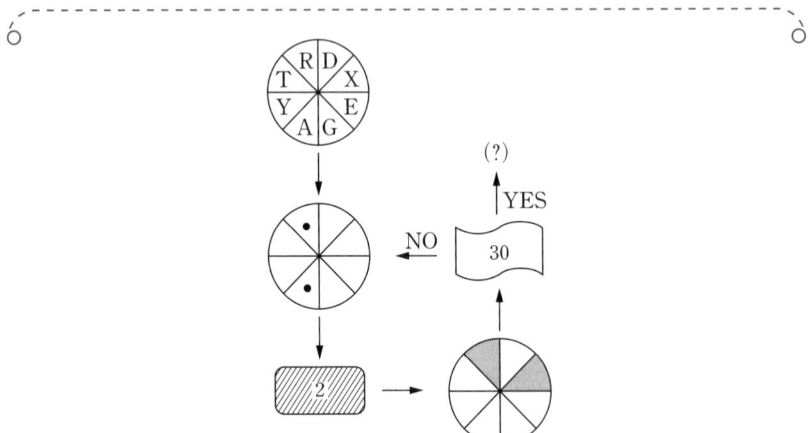

① 31

② 32

③ 33

④ 34

⑤ 35

다음과 같은 과정을 거친다.

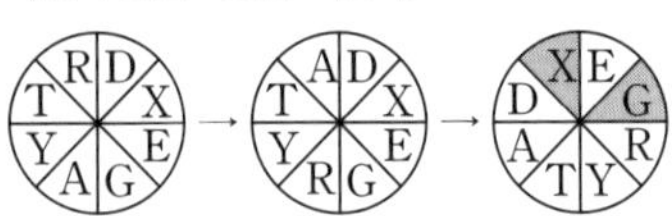

이때 표시된 위치의 두 문자를 수로 변환시켜 더하면

X(24)+G(7)=31

30보다 크다는 조건을 만족한다.

∴ 31

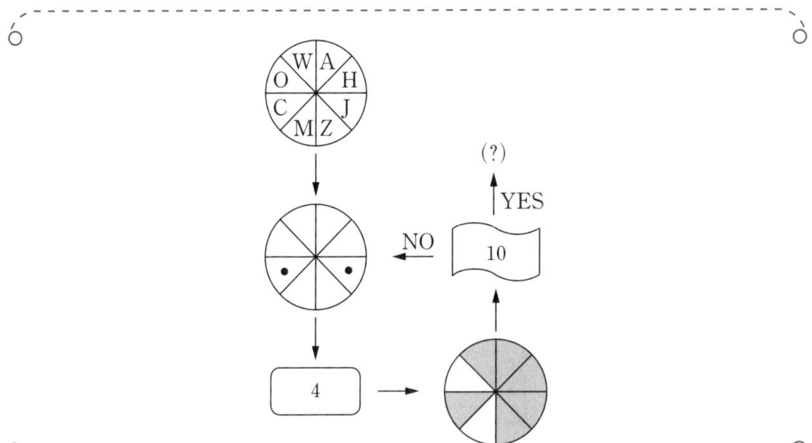

① 9
② 7
③ 5
④ 3
⑤ 1

다음과 같은 과정을 거친다.

이때 표시된 위치의 두 문자를 수로 변환시켜 곱하면

A(1)×C(3)=3

10보다 작다는 조건을 만족한다.

∴ 3

1DAY
2DAY
3DAY

10

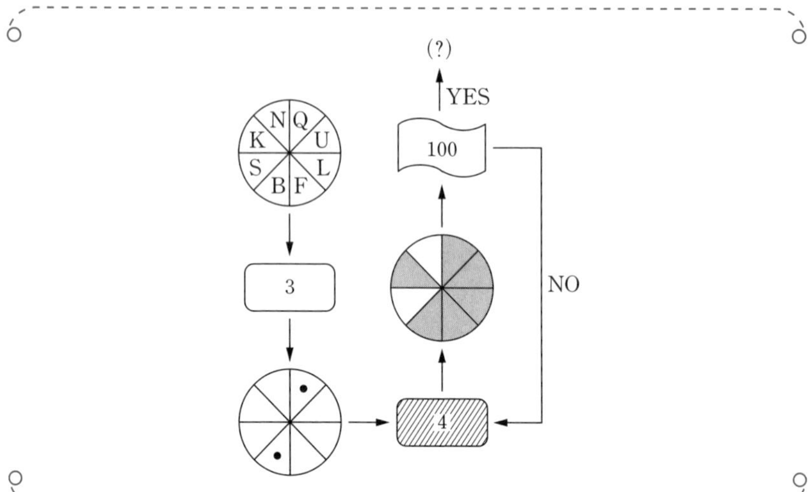

① 12　　② 24

③ 36　　④ 48

⑤ 60

정답 해설 다음과 같은 과정을 거친다.

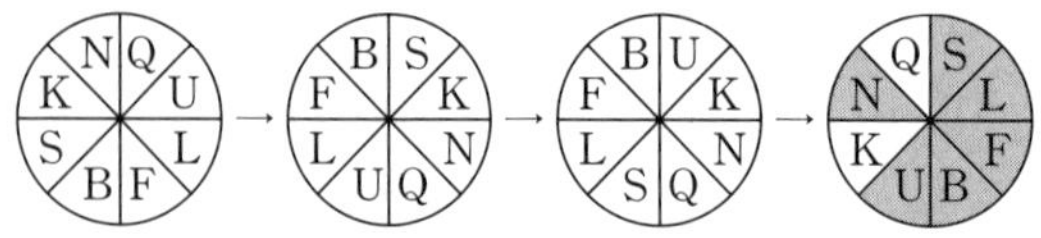

이때 표시된 위치의 두 문자를 수로 변환시켜 곱하면

K(11)×Q(17)=187

100보다 작다는 조건을 만족하지 않는다.

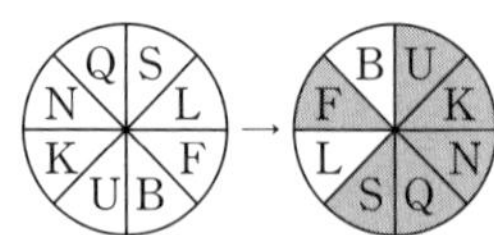

이때 표시된 위치의 두 문자를 수로 변환시켜 곱하면

L(12)×B(2)=24

100보다 작다는 조건을 만족한다.

∴ 24

11

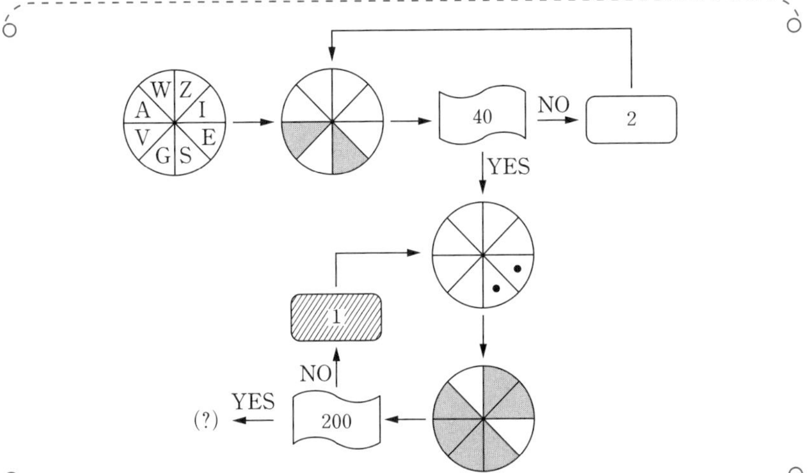

① 178
② 180
③ 182
④ 184
⑤ 186

다음과 같은 과정을 거친다.

표시된 위치의 두 문자를 수로 변환시켜 더하면

S(19)+V(22)=41

40보다 크다는 조건을 만족한다.

표시된 위치의 두 문자를 수로 변환시켜 곱하면

$S(19) \times W(23) = 437$

200보다 작다는 조건을 만족하지 않는다.

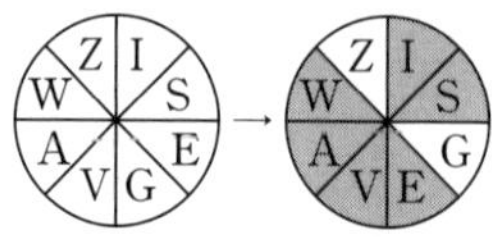

표시된 위치의 두 문자를 수로 변환시켜 곱하면

$G(7) \times Z(26) = 182$

200보다 작다는 조건을 만족한다.

$\therefore$ 182

소요시간		채점결과	
목표시간	13분	총 문항수	11문항
실제 소요시간	( )분 ( )초	맞은 문항 수	( )문항
초과시간	( )분 ( )초	틀린 문항 수	( )문항